| 法律法规新解读 | 第五版

招标投标法
解读与应用

成知博 编著

中国法制出版社
CHINA LEGAL PUBLISHING HOUSE

出版说明

"法律法规新解读"丛书作为一套实用型法律图书，历经四版，以其专业、实用、易懂的优点，赢得了广大读者的认可。自第四版后，相关法律规定已发生较大变化，司法实践中也出现了不少新的法律问题，第五版立足"实用"，以关注民生、服务大众为宗旨，切实提升内容实用性；致力"易懂"，使本丛书真正成为"遇事找法者"运用法律维护权利和利益的利器。本丛书选取与日常生活密切相关的法律领域，将各领域的核心法律作为"主体法"，并且将与主体法密切相关的法律规定汇编收录。

"法律法规新解读"丛书独家打造七重法律价值：

1. 出版专业

中国法制出版社是中华人民共和国司法部主管主办的中央级法律类专业出版社，是国家法律法规标准文本的权威出版机构。

2. 条文解读精炼到位

重难点法条以【条文解读】形式进行阐释，解读内容在吸取全国人大常委会法制工作委员会、最高人民法院等部门对条文的权威解读的基础上，结合实际编写，简单明了、通俗易懂。

3. 实务应用精准答疑

根据日常生活中经常遇到的纠纷与难题，以【实务应用】形式提炼归纳出问题点，对标热点难点，精准答疑解惑。

4. 案例指引权威实用

专设【案例指引】板块，选取最高人民法院公报案例、典型案例、各地区法院公布的经典案例以及中国裁判文书网的终审案例等，以案说法，生动地展示解决法律问题的实例。同时，原文收录一部分最高人民法院、最高人民检察院公布的指导性案例，指导实践更准确、更有力。

5. 关联参见检索便捷

除精选与主体法相关联的法律规定外，在主体法中以【关联参见】的方式链接相关重要条文，帮助读者全方位理解相关规定内容。

6. 附录内容实用丰富

书末收录经提炼的法律流程图、诉讼文书、纠纷处理常用数据、重要法律术语速查表等内容，帮助读者大大提高处理法律事务的效率。

7. 超值赠送增值服务

扫描图书后勒口二维码，免费使用中国法制出版社【法融】数据库。读者可查阅"国家法律法规"栏目和"案例解析"栏目中的"最高法指导案例"和"最高检指导案例"的内容。

中国法制出版社

中华人民共和国招标投标法
法律适用提示

　　招投标活动最大的特点是公开、公平、公正和择优。其实质就是通过市场竞争机制的作用，优化资源配置，促进市场竞争，从而有力地促进经济发展和社会进步。我国自20世纪80年代初引入该制度以来，先后在利用国外贷款、机电设备进口、建设工程发包、科研课题分配、药品采购、政府采购等领域广泛推广，招投标领域和范围不断扩大。为规范招投标活动，创造公平竞争的市场环境，1999年8月30日第九届全国人民代表大会常务委员会第11次会议通过了《中华人民共和国招标投标法》，自2000年1月1日起施行，于2017年12月27日修正。《招标投标法》①施行后，全社会依法招投标意识显著增强，招投标行为日趋规范，招投标已经成为推进现代市场体系建设的重要手段，对于创造公平竞争的市场环境，维护国家和社会公共利益，发挥着越来越重要的作用。同时，招标投标法配套法规建设也在逐步进行，招投标活动的主要方面和重点环节基本实现了有法可依、有章可循。

　　《招标投标法》第3条规定了必须进行招标的工程建设项目，2018年3月27日国家发改委第16号令发布了《必须招标的工程项目规定》，内容根据《招标投标法》第3条的规定制定。进一步对全部或者部分使用国有资金投资或者国家融资的项目，使用国际组织或者外国政府贷款、援助资金的项目等内容作了细化规定。

　　招标分为公开招标和邀请招标。公开招标的招标人应当发布招标公

---

① 为便于阅读，本书中相关法律文件名称中的"中华人民共和国"字样都予以省略。

告，邀请不特定的法人或其他组织投标，在政府采购领域还适用《政府采购信息发布管理办法》。进行邀请招标的，招标人需以发出投标邀请书的方式邀请特定的法人或其他组织投标。

关于招标代理机构资格认定问题。住建部发文废止了《工程建设项目招标代理机构资格认定办法》，停止招标代理机构资格申请受理和审批。住建部办公厅在《关于取消工程建设项目招标代理机构资格认定加强事中事后监管的通知》中对招标代理工作予以进一步明确，规定主要通过市场竞争、信用约束、行业自律来规范招标代理行为。招标人应当根据招标项目的特点和需要编制招标文件。招标文件是整个招标过程中极为重要的法律文件，应当根据 2007 年 11 月 1 日国家发展和改革委员会等部门联合发布并于 2013 年 3 月 11 日修正的《标准施工招标文件》的要求编写。

参加投标的投标人除应当具有相应的资格条件外，还应当按照招标文件的要求来编制投标文件。投标文件应当对招标文件提出的实质性要求和条件作出响应。两个以上的法人或者其他组织可以组成一个联合体，以一个投标人的身份共同投标。但是《招标投标法》禁止各种形式的串通投标和骗取中标。

评标应当由招标人依法组建的评标委员会负责。招标人应当采取必要措施，保证评标活动在严格保密的情况下进行，具体可按照《评标委员会和评标方法暂行规定》进行。评标委员会应当按照招标文件确定的评标标准和方法对投标文件进行评审和比较，确定中标人。

投标人和其他利害关系人认为招标投标活动不符合法律、法规、规章规定的，有权依法向行政监督管理部门投诉，具体按照《工程建设项目招标投标活动投诉处理办法》进行。

同时，为进一步筑牢工程建设和其他公共采购领域预防和惩治腐败的制度屏障，维护招标投标活动的正常秩序，2011 年 12 月 20 日，国务院制定出台了《招标投标法实施条例》，并于 2017 年 3 月 1 日对其作出第一次修订，让招标师的职业资格成为历史。《招标投标法实施条例》

针对实践中存在的规避公开招标、搞"明招暗定"的虚假招标以及串通投标等突出问题，细化、完善了保障公开公平公正、预防和惩治腐败、维护招标投标正常秩序的规定：一是进一步明确应当公开招标的项目范围。规定凡属国有资金占控股或者主导地位的依法必须招标的项目，除因技术复杂、有特殊要求或者受自然环境限制，只有少量潜在投标人可供选择，采用公开招标方式的费用占项目合同金额的比例过大等特殊情形不适宜公开招标的以外，都应当公开招标；负责建设项目审批、核准的部门应当审核确定项目的招标范围、招标方式和招标组织形式，并通报招标投标行政监督部门。二是充实细化防止虚假招标的规定，禁止以不合理条件和不规范的资格审查办法限制、排斥投标人的规定，不得对不同的投标人采取不同的资格审查或者评标标准，不得设定与招标项目具体特点和实际需要不相适应或者与合同履行无关的资格审查和中标条件，不得以特定业绩、奖项作为中标条件，不得限定特定的专利、商标、品牌或者供应商等。三是禁止在招标结束后违反招标文件的规定和中标人的投标承诺订立合同，防止招标人与中标人串通搞权钱交易。四是完善防止和严惩串通投标、弄虚作假骗取中标行为的规定。《招标投标法实施条例》在对串通投标行为和弄虚作假骗取中标行为的认定作出明确具体规定的同时，依据《招标投标法》进一步充实细化了相关的法律责任，规定有此类行为的，中标无效，没收违法所得，处以罚款；对违法情节严重的投标人取消其一定期限内参加依法必须进行招标的项目的投标资格，直至吊销其营业执照；构成犯罪的，依法追究刑事责任，等等。2018年3月19日根据《国务院关于修改和废止部分行政法规的决定》对该条例作出第二次修订，删去原条例第11条第1款、第13条第1款中的"其资格许可和"及其第3款。同时对相关行政法规中的条文序号作相应调整。2019年3月2日根据《国务院关于修改部分行政法规的决定》对该条例作出第三次修订，删去原条例第4条第3款中的"预算执行情况和"。

目　录

中华人民共和国招标投标法

1

关联法规

实用附录

实务应用速查表

案例指引速查表

法律法规
新解读丛书

中华人民共和国
招标投标法

招标投标法
解读与应用

中华人民共和国招标投标法

· 1999 年 8 月 30 日第九届全国人民代表大会常务委员会第十一次会议通过

· 根据 2017 年 12 月 27 日第十二届全国人民代表大会常务委员会第三十一次会议《关于修改〈中华人民共和国招标投标法〉、〈中华人民共和国计量法〉的决定》修正

第一章 总 则

第一条 【立法目的】① 为了规范招标投标活动，保护国家利益、社会公共利益和招标投标活动当事人的合法权益，提高经济效益，保证项目质量，制定本法。

条文解读

招标投标 ➡ 招标投标，是在市场经济条件下进行货物、工程和服务的采购时，达成交易的一种方式。在这种交易方式下，通常是由货物、工程或者服务的采购方作为招标方，通过发布招标公告或者向一定数量的特定供应商、承包商发出投标邀请书等方式，发出招标采购的信息，提出招标采购条件，由各有意提供采购所需货物、工程或者服务的供应商、承包商作为投标方，向招标方书面提出响应招标要求的条件，参加投标竞争；招标方按照规定的程序从众多投标人中择优选定中标人，并与其签订采购合同。从交易过程来看，招标投标必然包括招标和投标两个最基本的环节。没有招标就不会有供应商或者承包商的投标；没有投标，采购人的招标就不会得到响应，也就没有后续的开标、评

---

① 本书条文主旨为编者所加，为方便读者检索使用，仅供参考，下同。

标、中标、合同签订及履行等。

第二条　【适用范围】在中华人民共和国境内进行招标投标活动，适用本法。

《招标投标法》适用的地域范围（或称空间效力范围），是中华人民共和国境内，即凡在我国境内进行的招标投标活动均适用《招标投标法》的规定。需要注意的是，国内企业参加中国境外的投标不应适用《招标投标法》的规定，而应当适用招标所在地国家（地区）的法律。另外，按照我国香港、澳门两个特别行政区基本法的规定，只有列入这两个基本法附件三的法律，才能在这两个特别行政区适用。《招标投标法》没有列入这两个法的附件三中，因此，《招标投标法》不适用于我国香港和澳门两个特别行政区。

《招标投标法》以招标投标活动中的关系为调整对象。在我国境内进行的一切招标投标活动，不论是属于《招标投标法》第3条规定的强制招标项目，还是当事人自愿采用招标方式进行采购的项目，均适用《招标投标法》。也就是说，凡是在中国境内进行的招标投标活动，不论招标主体的性质、招标采购的资金性质、招标采购项目的性质如何，都要适用《招标投标法》的规定。当然，根据强制招标项目和非强制招标项目的不同情况，《招标投标法》有所区别地进行了规定。有关招标投标的规则和程序的强制性规定及法律责任中有关行政处罚的规定，主要适用于法定强制招标的项目。

01. 《招标投标法》与《政府采购法》应当如何适用？

《招标投标法》与《政府采购法》均主要规范公共采购，也均属于全国人大常委会审议通过的法律，具有同等的法律效力。《招标投标法》第 2 条规定："在中华人民共和国境内进行招标投标活动,适用本法。"可以说,我国境内的所有招标投标活动都应当适用该法。《政府采购法》第 2 条第 1、2 款规定："在中华人民共和国境内进行的政府采购适用本法。本法所称政府采购,是指各级国家机关、事业单位和团体组织,使用财政性资金采购依法制定的集中采购目录以内的或者采购限额标准以上的货物、工程和服务的行为。"

《招标投标法》和《政府采购法》都规定了招标投标制度,其内容不完全一致,也有"二法打架、冲突"之说,但实际上内容"同根同源",细究起来并无本质区别。《招标投标法》是通篇规定招标投标法律制度的法律,对于招标投标程序以及实体问题的处理,规定得比较详细具体。相反,《政府采购法》是专门规定政府采购活动的法律,招标投标制度在该法中篇幅并不大,招标方式(含公开招标、邀请招标)也仅仅是法定的政府采购方式之一,其对招标投标法律制度的规定并不像《招标投标法》那么完善具体。因此,对于该法没有特殊、专门规定的内容,还是应当按照《招标投标法》来处理。

案例指引

01. 《招标投标法》是否适用于非依法必须招标的项目?[①]

2015 年 5 月 28 日,森林公园管理处委托招标公司发布公告对房屋进行招标出租,瑞某公司参与了项目投标。2015 年 6 月 15 日,瑞某公司接到招标公司电话通知,中标人为爱某公司,瑞某公司认为招标公司整个招标过程多处违法违规,构成串通投标不正当竞争,其中标结果不具备法律效力,应当依法确定为无效行为,由此提起诉讼。

本案争议焦点之一是涉案纠纷是否适用《招标投标法》的相关规定予以调整。法院认为,关于此焦点,《招标投标法》第 2 条作出了明

[①] 参见《山东招标股份有限公司等与济南瑞某餐饮有限公司等串通投标不正当竞争纠纷二审民事判决书》,案号:(2016)鲁 01 民终 2030 号,载中国裁判文书网,最后访问时间:2023 年 11 月 3 日。

确的规定:"在中华人民共和国境内进行招标投标活动,适用本法。"该规定可以理解为,对于法律规范中明确规定为必须招标项目的,当然属于接受《招标投标法》调整的项目,对于不属于必须招标项目的,如果当事人主动选择采用招标投标形式的项目,亦应适用《招标投标法》。本案中,根据《招标投标法》第3条的相关规定,森林公园管理处的西综合楼对外租赁经营项目并非必须采用招标投标形式。森林公园管理处委托招标公司将西综合楼对外招租的过程中,招标公司在相关文件上虽使用了政府采购中竞争性谈判方式的一些术语,但结合案件事实,从范围、主体、程序等方面综合考量,整个招租过程实际系参照招标投标法采用招标投标形式进行的。故本案纠纷属于在招标投标过程中产生的法律关系,应受《招标投标法》调整。对于招标公司、森林公园管理处关于涉案西综合楼对外租赁经营项目采用的是竞争性谈判形式,不应适用《招标投标法》和《反不正当竞争法》中关于串通招投标的规定的主张,法院不予支持。

第三条 【必须进行招标的工程建设项目】 在中华人民共和国境内进行下列工程建设项目包括项目的勘察、设计、施工、监理以及与工程建设有关的重要设备、材料等的采购,必须进行招标:

(一)大型基础设施、公用事业等关系社会公共利益、公众安全的项目;

(二)全部或者部分使用国有资金投资或者国家融资的项目;

(三)使用国际组织或者外国政府贷款、援助资金的项目。

前款所列项目的具体范围和规模标准,由国务院发展计划部门会同国务院有关部门制订,报国务院批准。

法律或者国务院对必须进行招标的其他项目的范围有规定的,依照其规定。

条文解读

强制招标制度及其范围 ➔ 强制招标是指法律、法规规定一定范围的采购项目，凡是达到规定的规模标准的，必须通过招标采购，否则采购单位应当承担法律责任。制定强制招标项目范围的主管机关是国家发改委，同时，因为招标项目往往涉及不同的主管部门，法律规定国家发改委在制定该规定过程中，应当征求相关部门的意见或者联合发文。《招标投标法实施条例》第 3 条规定，依法必须进行招标的工程建设项目的具体范围和规模标准，由国务院发展改革部门会同国务院有关部门制订，报国务院批准后公布施行。2018 年 3 月 27 日国家发改委发布的《必须招标的工程项目规定》、2018 年 6 月 6 日发布的《必须招标的基础设施和公用事业项目范围规定》以及 2020 年 10 月 19 日发布的《国家发展改革委办公厅关于进一步做好〈必须招标的工程项目规定〉和〈必须招标的基础设施和公用事业项目范围规定〉实施工作的通知》，对《招标投标法》第 3 条的规定进行了细化。

法定强制招标项目的范围有两类：一是《招标投标法》已明确规定必须进行招标的项目；二是依照其他法律或者国务院的规定必须进行招标的项目。国家主管部门根据一定标准对强制招标项目范围进行了明确规定。对于强制招标项目范围的界定标准，一般是根据项目的资金来源、项目本身的性质和项目投资规模大小，或者几种标准如项目资金来源和项目投资规模等结合作为标准。

根据本条的规定，必须进行招标的重点是工程建设项目，而且是项目管理的全过程，包括勘察、设计、施工、监理以及与工程建设有关的重要设备、材料等的采购。这里的"工程建设项目"，是指工程以及与工程建设有关的货物、服务。所称工程，是指建设工程，包括建筑物和构筑物的新建、改建、扩建及其相关的装修、拆除、修缮等；所称与工程建设有关的货物，是指构成工程不可分割的组成部分，且为实现工程基本功能所必需的设备、材料等；所称与工程建设有关的服务，是指为完成工程所需的勘察、设计、监理等服务。这里的"与工程建设有关的重要设备、材料"，包括用于工程建设项目本身的各种建筑材料、设备，项目所需的设备、设施，工业建设项目的生产设备等。

建设工程强制招标的范围 ➡ 依法必须招标的工程建设项目范围和规模标准，应当严格执行《招标投标法》第3条和《必须招标的工程项目规定》《必须招标的基础设施和公用事业项目范围规定》的规定；法律、行政法规或者国务院对必须进行招标的其他项目范围有规定的，依照其规定。没有法律、行政法规或者国务院规定依据的，对《必须招标的工程项目规定》第5条中没有明确列举规定的服务事项、《必须招标的基础设施和公用事业项目范围规定》第2条中没有明确列举规定的项目，不得强制要求招标。

根据《招标投标法》第3条及《必须招标的工程项目规定》的规定，在中华人民共和国境内进行下列四类工程建设项目包括项目的勘察、设计、施工、监理以及与工程建设有关的重要设备、材料等的采购，必须进行招标：

1. 大型基础设施、公用事业等关系社会公共利益、公众安全的项目。

2. 全部或者部分使用国有资金投资或国家融资的项目。《必须招标的工程项目规定》第2条规定，全部或者部分使用国有资金投资或者国家融资的项目包括：（1）使用预算资金200万元人民币以上，并且该资金占投资额10%以上的项目；（2）使用国有企业事业单位资金，并且该资金占控股或者主导地位的项目。

3. 使用国际组织或外国政府资金的项目。《必须招标的工程项目规定》第3条规定，使用国际组织或者外国政府贷款、援助资金的项目包括：（1）使用世界银行、亚洲开发银行等国际组织贷款、援助资金的项目；（2）使用外国政府及其机构贷款、援助资金的项目。

4. 其他重要工程建设项目与重要设备、材料等的采购。《必须招标的工程项目规定》第5条规定，本规定第2条至第4条规定范围内的项目，其勘察、设计、施工、监理以及与工程建设有关的重要设备、材料等的采购达到下列标准之一的，必须招标：（1）施工单项合同估算价在400万元人民币以上；（2）重要设备、材料等货物的采购，单项合同估算价在200万元人民币以上；（3）勘察、设计、监理等服务的采购，单项合同估算价在100万元人民币以上。同一项目中可以合并进行的勘察、设计、施工、监理以及与工程建设有关的重要设备、材料等的采购，合同估算价合计达到前述标准的，必须招标。

关于总承包招标的规模标准，对于《必须招标的工程项目规定》第2条至第4条规定范围内的项目，发包人依法对工程以及与工程建设有关的货物、服务全部或者部分实行总承包发包的，总承包中施工、货物、服务等各部分的估算价中，只要有一项达到《必须招标的工程项目规定》第5条规定的相应标准，即施工部分估算价达到400万元以上，或者货物部分达到200万元以上，或者服务部分达到100万元以上，则整个总承包发包应当招标。

国有资金占控股或者主导地位的依法必须进行招标的项目 ➡ 国有资金占控股或者主导地位的依法必须进行招标的项目，应当公开招标；但有下列情形之一的，可以邀请招标：（1）技术复杂、有特殊要求或者受自然环境限制，只有少量潜在投标人可供选择；（2）采用公开招标方式的费用占项目合同金额的比例过大。对于第二种情形，属于需要按照国家有关规定履行项目审批、核准手续的项目的，由项目审批、核准部门在审批、核准项目时作出认定；其他项目由招标人申请有关行政监督部门作出认定。

关于使用国有资金的项目，《必须招标的工程项目规》第2条第1项中的"预算资金"，是指《预算法》规定的预算资金，包括一般公共预算资金、政府性基金预算资金、国有资本经营预算资金、社会保险基金预算资金。第2项中的"占控股或者主导地位"，参照《公司法》第216条关于控股股东和实际控制人的理解执行，即"控股股东，是指其出资额占有限责任公司资本总额百分之五十以上或者其持有的股份占股份有限公司股本总额百分之五十以上的股东；出资额或者持有股份的比例虽然不足百分之五十，但依其出资额或者持有的股份所享有的表决权已足以对股东会、股东大会的决议产生重大影响的股东。实际控制人，是指虽不是公司的股东，但通过投资关系、协议或者其他安排，能够实际支配公司行为的人"。国有企业事业单位通过投资关系、协议或者其他安排，能够实际支配项目建设的，也属于占控股或者主导地位。项目中国有资金的比例，应当按照项目资金来源中所有国有资金之和计算。

强制招标项目不招标的法律后果 ➡ 对于列入强制招标项目范围内的项目，非有法定情形，必须通过招标方式采购。强制招标的项目不招标的，视为"规避招标"，应承担相应法律责任。《民法典》第153条第1款规定："违反法律、行政法规的强制性规定的民事法律行为无效。但是，该强制性规定不导致该民事法律行为无效的除外。"《最高人民法院关于审理建设工程施工合同纠纷案件适用法律问题的解释（一）》第1条第1款规定："建设工程施工合同具有下列情形之一的，应当依据民法典第一百五十三条第一款的规定，认定无效……（三）建设工程必须进行招标而未招标或者中标无效的。"因此，强制招标的项目，未经招标即发包的，该民事行为无效，所签合同亦无效。

实务应用

02. **强制招标与自愿招标的区别有哪些？**

与自愿招标相比较，强制招标项目招标程序与规则有着非常严格的限制，必须按照《招标投标法》规定的程序和条件进行招标，主要表现在：

（1）在禁止性规范上，依法必须招标项目，任何单位和个人不得采用化整为零或者以其他任何方式规避招标；不得违法限制或者排斥本地区、本系统以外潜在投标人投标，不得非法干涉招标投标活动。

（2）在招标组织形式上，依法必须招标项目，有权委托招标代理机构办理招标，也可以自行办理招标事宜；自行办理招标事宜的，还应当向有关行政监督部门备案。

（3）在招标公告发布媒体上，依法必须招标项目的招标公告应当通过中国招标投标公共服务平台或者项目所在地省级电子招标投标公共服务平台发布。

（4）在投标截止时间上，依法必须招标项目，自招标文件开始发出之日起至投标人提交投标文件截止之日止，最短不得少于 20 日。

（5）在评标委员会的组成上，依法必须招标项目，其评标委员会由招标人代表和有关技术、经济等方面专家组成，成员人数为 5 人以上单数，其中技术、经济等方面专家不得少于成员总数的 2/3，而且对专家的条件和选择渠道、选择方式做了强制性规定。

（6）在否决全部投标的处理上，依法必须招标项目，经评标委员会评审，认为所有投标都不符合招标文件要求的，可以否决所有投标，招标人应当依法重新招标。

（7）在行政监督上，依法必须招标项目，招标人应当自确定中标人之日起 15 日内，向有关行政监督部门提交招标投标情况书面报告。

（8）在法律责任方面，针对必须招标项目规定的法律责任条款比自愿招标项目更为广泛和严格，如对弄虚作假骗取中标行为应当承担行政处罚责任的规定、确定中标人前招标人与投标人进行实质性谈判应当承担法律责任的规定、所有投标被否决后招标人自行确定中标人应当承担法律责任的规定等，都只适用于强制招标项目，不适用于自愿招标项目。

案例指引

02. **强制招标项目未招标，所签订的合同效力为何?**[①]

2011 年 4 月 21 日，某县人民政府与实某集团达成协议，同意由实

---

① 参见《青海建筑公司、青海实某集团建设工程施工合同纠纷案二审民事判决书》，案号：(2014) 青民一终字第 64 号，载中国裁判文书网，最后访问时间：2023 年 11 月 3 日。

某集团代建廉租住房、公共租赁住房和限价商品住房，实某集团将其作为国际时代项目工程组织开发。

2011 年 6 月 1 日，某建筑公司给实某集团出具投标保证金约定确认书，载明某建筑公司就国际时代项目工程施工投标并交纳投标保证金 10 万元。6 月 17 日，双方签订《工程施工协议书》，约定实某集团确保将其开发的国际时代小区五标段 6 栋楼施工工程承包给某建筑公司；某建筑公司支付实某集团履约保证金 500 万元；如实某集团不能让某建筑公司在 8 月 15 日前正式开工建设，则无条件退还 500 万元，如不能退还则按每日万分之六支付违约金；若实某集团收到保证金后无法提供本项目工程给某建筑公司承包施工或由第三方施工，视为严重违约，应退还某建筑公司履约保证金并支付履约保证金 10% 的罚金。施工协议签订后，某建筑公司向实某集团支付了 500 万元，后实某集团因故未能进行协议所涉工程项目的开发，某建筑公司亦未能施工，实某集团将该 500 万元退还给某建筑公司。某建筑公司起诉要求实某集团支付违约金。

法院认为，（一）关于《工程施工协议书》的效力问题。根据双方所签施工协议约定的工程内容及规模，该建设工程项目属于必须招投标的工程范围。案涉工程公开招标，发布了招标公告，某建筑公司交纳了投标保证金，但是无证据表明其提交了投标文件，也没有开标、评标等程序，没有发出中标通知书，签订的《工程施工协议书》也没有在相关部门备案，由此分析案涉工程实质上并未进行招投标。此外，《工程施工协议书》由实某集团"确保"某建筑公司承包工程、"甲方无法提供本工程给乙方承包施工或发生本项目工程及所属地块由第三方施工……"的约定，也说明没有进行招投标即签订施工协议。综上，案涉工程为必须进行招投标的工程，但双方未经过招投标程序即签订了《工程施工协议书》，违反了法律强制性规定中的效力性规定，协议应为无效。（二）关于某建筑公司要求实某集团支付违约金、罚金的请求能否成立的问题。因《工程施工协议书》无效，导致违约条款亦无效，其后果是在当事人之间产生返还财产及赔偿损失的请求权，不存在追究违约责任的问题，某建筑公司不能主张违约金、罚金。协议无效后，实某集团已经返还了 500 万元保证金，但其自 2011 年 6 月即占用某建筑公司 500 万元至 2012 年 9 月才陆续还清，由此确实会产生占用资金的损失，且实某集团在协议无效的问题上有较大过错，由其赔偿一定的费用较为合理，故酌情认定实某集团赔偿某建筑公司占用资金的经济损失 20 万元。

综上，法院判决实某集团赔偿某建筑公司经济损失 20 万元，驳回其他诉讼请求。

关联参见

《招标投标法实施条例》第 2 条、第 3 条、第 7 条、第 8 条；《必须招标的工程项目规定》；《国家发展改革委办公厅关于进一步做好〈必须招标的工程项目规定〉和〈必须招标的基础设施和公用事业项目范围规定〉实施工作的通知》

第四条　【禁止规避招标】任何单位和个人不得将依法必须进行招标的项目化整为零或者以其他任何方式规避招标。

条文解读

化整为零 ➡ 所谓化整为零，就是将达到法定强制招标限额的项目切割为几个小项目，每个小项目的金额均在法定强制招标限额以下，以此来达到规避招标的目的。除将项目化整为零以规避招标外，规避招标还有其他多种方式。为保证所有法定强制招标项目都能依法进行招标，本条对规避招标的行为作出了禁止性的规定。

实务应用

03. 将必须进行招标的项目化整为零或者以其他任何方式规避招标的，如何处罚？

将必须进行招标的项目化整为零或者以其他任何方式规避招标的，

责令限期改正，可以处项目合同金额5‰以上10‰以下的罚款；对全部或者部分使用国有资金的项目，可以暂停项目执行或者暂停资金拨付；对单位直接负责的主管人员和其他直接责任人员依法给予处分。

第五条　【招投标活动的原则】招标投标活动应当遵循公开、公平、公正和诚实信用的原则。

条文解读

公开原则 ➡ 所谓"公开"，是指：

（1）进行招标活动的信息要公开。采用公开招标方式的，招标方应当通过国家指定的报刊、信息网络或者其他公共媒介发布招标公告，需要进行资格预审的，应当发布资格预审公告；采用邀请招标方式的，招标方应当向3个以上的特定法人或者其他组织发出邀请书。招标公告、资格预审公告和招标邀请书应当载明能大体满足潜在投标人决定是否参加投标竞争所需要的信息，通常应当包括：招标方的名称、地址；招标采购货物的性质、数量和交货地点，或拟建工程的性质、地点，或所需提供服务的性质和提供地点；提供招标文件的时间、地点和收取的费用等。在发布招标公告、发出招标邀请书的基础上，还应当按照招标公告或招标邀请书中载明的时间和地点，向有意参加投标的承包商、供应商提供招标文件。招标文件应当载有为供应商、承包商作出投标决策、进行投标准备所必需的资料，以及其他为保证招标投标过程公开、透明的有关信息。通常应当包括：关于编写投标文件的说明，以避免投标者因其提交的投标书不符合要求而失去中标机会；投标者为证明其资格而必须提交的有关资料；采购项目的技术、质量要求，交货、竣工或提供服务的时间；要求提交投标担保的，对投标担保的要求；提交投标书的时间、地点；投标有效期（即投标者应受其投标条件约束的期间）；开启投标书的时间、地点和程序；对投标书的评审程序和确定中标的标准等。招标人对已发出的招标文件进行必要的澄清或者修改的，应当以书面形式通知所有的招标文件收受人。

（2）开标的程序要公开。开标应当公开进行，所有的投标人或其代表均可参加开标；开标的时间和地点应当与事先提供给所有招标人的招标文件上载明的时间和地点相一致，以便投标人按时参加；开标时，应先由投标人或者其推举的代表检查投标文件的密封情况，经确认无误后，由工作人员当众拆封，以唱读的方式，报出各投标人的名称、投标价格等投标书的主要内容，并做好记录，存档备查。招标人在招标文件要求提交投标文件的截止日期前收到的所有投标文件，开标时都应当当众予以拆封、宣读。对在投标截止日期以后收到的标书，招标人应当拒收。

（3）评标的标准和办法要公开。评标的标准和办法应当在提供给所有投标人的招标文件中载明，评标应当严格按照招标文件载明的标准和办法进行，不得采用招标文件未列明的任何标准。招标人不得与投标人就投标价格、招标方案等实质性内容进行谈判。

（4）中标的结果要公开。确定中标人后，招标人应当向中标人发出中标通知书，并同时将中标结果通知所有未中标的投标人。未中标的投标人对招标活动和中标结果有异议的，有权向招标人提出或向有关行政监督部门投诉。

公平原则 ➡ 公平原则，应当包括不同投标人之间的公平竞争和招标人与投标人双方之间的公平交易这两个方面的内容。

一方面，在招标投标活动中，招标人给予所有投标人平等的机会，使他们享有同等权利和公平的待遇、承担相应义务，招标人不得特意照顾或者有意排斥某一个或几个潜在投标人或投标人，主要强调机会平等。《招标投标法》第6条规定，依法必须进行招标的项目，其招标投标活动不受地区或者部门的限制。任何单位和个人不得违法限制或者排斥本地区、本系统以外的法人或者其他组织参加投标，不得以任何方式非法干涉招标投标活动。《政府采购法》第5条也规定，任何单位和个人不得采用任何方式，阻挠和限制供应商自由进入本地区和本行业的政府采购市场。所有投标人平等参与竞争。招标人要严格按照公开的招标条件和程序操作，同等地对待每一个投标人，对所有投标人适用相同的评标标准和招标投标程序，不得厚此薄彼。对所有投标人设置的资格条件是平等的，不搞差别待遇或设置技术壁垒。投标人也不得以不正当的手段参加竞争，不得弄虚作假、串通投标，不得向招标人及其工作人员行贿、提供回扣或给予其他好处。

另一方面，招标投标活动属于平等民事主体之间的缔约活动，招标人和投标人地位平等、权利义务对等，任何一方不得向对方提出不合理要求，不得将自己的意志强加给对方。招标人应当维持当事人之间的利益均衡，在主导交易过程、制定交易规则和合同条款时，不宜凭借市场优势转嫁其法定义务和法定责任，不得将本应由己方承担的交易风险和履约风险强加给对方。如不得要求工程承包人垫资承揽工程，不得无正当理由擅自终止招标，不得要求潜在投标人在购买招标文件时就提交投标保证金，不得在招标文件中对投标人设置不合理的违约责任，不得规定投标人购买招标文件后不参加投标的将丧失投标保证金，等等。

公正原则 ➡ 公正原则，要求招标投标活动严格按照事先公开的条件和程序进行，招标人对所有投标人一视同仁，评标时按事先公布的程序和标准进行，不歧视任何一方，确保实现招标结果公正，投标人合法权益得到保护。

该原则要求：（1）评标委员会成员应由招标人从评标专家库中依法选定且不得与投标人有利害关系，以保证评审结果公正、合理。（2）评标工作应保密进行，免受投标人围猎和外界干扰。评标委员会成员的名单、评标地点、投标人的名称、数量以及标底或其他可能妨碍公平竞争的信息，都应对外保密。（3）评标委员会不得以任何明示或暗示的方式，使某些投标人以澄清方式改变投标文件实质性内容。（4）评标委员会必须严格按事先规定的统一的评标标准和方法，对所有投标人提交的投标文件进行评审，应严格依据招标文件约定和《招标投标法》规定的条件否决投标。（5）招标人必须在评标委员会推荐的中标候选人范围内依照定标原则确定中标人，并与之按照招标文件和中标人的投标文件订立合同。

诚实信用原则 ➡ 诚实信用原则是市场交易的"帝王规则"，也是市场经济的基石，是指招标投标当事人都应以诚实、善意的态度依法行使权利，履行义务，不得有欺诈、背信的行为，不得损害对方、第三人和社会利益。从这一原则出发，《招标投标法》规定了招标投标当事人不得规避招标、串通投标、弄虚作假、骗取中标、转包、违法分包等诸多义务。例如，招标人不得以任何形式搞虚假招标；投标人递交的投标资格证明材料和投标文件的各项内容都要真实、可信；订立合同后，各方都应依法全面履行合同。

违反诚实信用原则，给他人造成损失的，要依法承担赔偿责任。违反诚实信用原则，实施串通投标、虚假投标、贿赂中标等违法、违约行为的，《招标投标法》《民法典》等规定了相应的法律责任，招标人、投标人也可以根据招标文件的规定追究对方责任。

为了维护诚实信用原则，《招标投标法实施条例》第 78 条规定："国家建立招标投标信用制度。有关行政监督部门应当依法公告对招标人、招标代理机构、投标人、评标委员会成员等当事人违法行为的行政处理决定。"该条确立了招标投标信用制度，通过建立招标投标违法行为记录公告制度、失信联合惩戒机制等，加快推进社会信用体系建设，进一步促进招标投标市场健康有序发展。

第六条　【招投标活动不受地区或部门的限制】 依法必须进行招标的项目，其招标投标活动不受地区或者部门的限制。任何单位和个人不得违法限制或者排斥本地区、本系统以外的法人或者其他组织参加投标，不得以任何方式非法干涉招标投标活动。

条文解读

任何单位违反《招标投标法》规定，进行限制或者排斥本地区、本系统以外的法人或者其他组织参加投标等干涉招标投标活动的行为的，责令其改正；对单位直接负责的主管人员和其他直接责任人员依法给予警告、记过、记大过的处分，情节较重的，依法给予降级、撤职、开除的处分。个人利用职权进行该违法行为的，也依此追究责任。

第七条　【对招投标活动的监督】招标投标活动及其当事人应当接受依法实施的监督。

有关行政监督部门依法对招标投标活动实施监督，依法查处招标投标活动中的违法行为。

对招标投标活动的行政监督及有关部门的具体职权划分，由国务院规定。

条文解读

对招标投标活动的行政监督 ➡ 根据《国务院办公厅印发国务院有关部门实施招标投标活动行政监督的职责分工意见的通知》（国办发〔2000〕34号）的规定，对于招投标过程（包括招标、投标、开标、评标、中标）中泄露保密资料、泄露标底、串通招标、串通投标、歧视排斥投标等违法活动的监督执法，按现行的职责分工，分别由有关行政主管部门负责并受理投标人和其他利害关系人的投诉。按照这一原则，工业（含内贸）、水利、交通、铁道、民航、信息产业等行业和产业项目的招投标活动的监督执法，分别由经贸、水利、交通、铁道、民航、信息产业等行政主管部门负责；各类房屋建筑及其附属设施的建造和与其配套的线路、管道、设备的安装项目和市政工程项目的招投标活动的监督执法，由建设行政主管部门负责；进口机电设备采购项目的招投标活动的监督执法，由外经贸行政主管部门负责。有关行政主管部门须将监督过程中发现的问题，及时通知项目审批部门，项目审批部门根据情况依法暂停项目执行或者暂停资金拨付。

有关行政监督部门应当严格按照《招标投标法》和国务院规定的

职责分工，各司其职，密切配合，加强管理，改进招投标行政监督工作。发展改革委要加强对招投标工作的指导和协调，加强对重大建设项目建设过程中工程招投标的监督检查和工业项目招投标活动的监督执法。水利、交通、铁道、民航、信息产业、建设、商务部门，应当依照有关法律、法规，加强对相关领域招投标过程中泄露保密资料、泄露标底、串通招标、串通投标、歧视和排斥投标等违法活动的监督执法。加大对转包、违法分包行为的查处力度，对将中标项目全部转让、分别转让，或者违法将中标项目的部分主体、关键性工作层层分包，以及挂靠有资质或高资质单位并以其名义投标，或者从其他单位租借资质证书等行为，有关行政监督部门必须依法给予罚款、没收违法所得、责令停业整顿等处罚，情节严重的，吊销其营业执照。同时，对接受转包、违法分包的单位，要及时清退。

有关行政监督部门不得违反法律法规设立审批、核准、登记等涉及招投标的行政许可事项；已经设定的一律予以取消。加快职能转变，改变重事前审批、轻事后监管的倾向，加强对招投标全过程的监督执法。项目审批部门对不依照核准事项进行招标的行为，要及时依法实施处罚。建立和完善公正、高效的招投标投诉处理机制，及时受理投诉并查处违法行为。任何政府部门和个人，特别是各级领导干部，不得以权谋私，采取暗示、授意、打招呼、递条子、指定、强令等方式，干预和插手具体的招投标活动。各级行政监察部门要加强对招投标执法活动的监督，严厉查处招投标活动中的腐败和不正之风。地方各级人民政府应当依据《行政许可法》的要求，规范招投标行政监督部门的工作，加强招投标监督管理队伍建设，提高依法行政水平。

实务应用

04. **有关行政监督管理部门对招标投标活动实施监督管理的事项主要包括哪些方面？**

有关行政监督管理部门对招标投标活动实施监督管理的事项主要

包括：

（1）对依照《招标投标法》必须招标的项目是否进行招标进行监督。凡属《招标投标法》第3条规定的工程建设项目及有关的重要设备、材料的采购，其采购规模达到国务院有关部门依照《招标投标法》制定的规模标准以上的，必须依照《招标投标法》规定进行招标投标。对这些法定强制招标的项目是否依法进行了招标投标，有关行政监督部门应依法进行监督。

（2）对法定招标投标项目是否依照《招标投标法》规定的规则和程序进行招标投标实施监督。凡属法定招标的项目，必须依照《招标投标法》规定的规则、程序进行招标投标，以确保招标投标符合公开、公平、公正的原则，发挥其应有的优越性。有关行政监督部门应对法定强制招标项目是否依照法定规则和程序进行招标投标实施监督。包括：对招标人是否采用适当的招标方式进行监督；对招标代理机构是否具有法定代理资格以及是否依照法律和招标人的委托进行招标代理活动进行监督；对招标人是否依法提供招标信息，依法接受投标人的投标，依法进行开标、评标和定标，直至依法与中标人签订合同进行监督；对投标人是否依法参加投标活动，进行正当竞争进行监督等。

（3）依法查处招标投标活动中的违法行为。依照《招标投标法》第五章关于法律责任的规定，有关行政监督部门对违反《招标投标法》规定的行为，包括对法定强制招标项目不进行招标的，招标人、投标人、招标代理机构不按《招标投标法》规定的规则和程序进行招标投标活动的等，除责令改正外，依法给予罚款、没收违法所得、取消资格、责令停业、吊销营业执照等行政处罚。

关联参见

《国务院办公厅印发国务院有关部门实施招标投标活动行政监督的职责分工意见的通知》

第二章 招 标

第八条 【招标人】招标人是依照本法规定提出招标项目、进行招标的法人或者其他组织。

条文解读

根据本条规定，招标人应当是法人或者其他组织，自然人不能成为《招标投标法》意义上的招标人。法人是指具有民事权利能力和民事行为能力，并依法享有民事权利和承担民事义务的组织，包括企业法人、机关法人、事业单位法人和社会团体法人。其他组织是指除法人以外的不具备法人条件的其他实体，包括合伙企业、个人独资企业和外国企业以及企业的分支机构等。这些企业和机构也可以作为招标人参加招标投标活动。鉴于招标采购的项目通常标的大、耗资多、影响范围广、招标人责任较大，为了切实保障招投标各方的权益，《招标投标法》未赋予自然人成为招标人的权利。但这并不意味着个人投资的项目不能采用招标的方式进行采购。个人投资的项目，可以成立项目公司作为招标人。

建筑工程实践中，建设单位既可以自己作为招标人，也可以委托依法成立的招标代理机构进行招标。而建设方自己具有编制招标文件和组织评标能力的，可以自行办理招标事宜。

招标人的权利与义务 ➔ 招标人一般享有如下权利：（1）自行招标或者委托招标代理机构进行招标；（2）自主选择招标代理机构；（3）委托招标时，有权参与整个招标过程，其代表可以进入评标委员会；（4）自主决定对投标人进行资格审查；（5）拒绝非法干预招标的行为；（6）澄清、修改招标文件；（7）拒绝不符合要求的投标；（8）主持开标；（9）根据评标委员会推荐的中标候选人名单和评标报告确定中标人。

招标人主要履行下列义务：（1）公平对待投标人，不得侵犯投标人的合法权益；（2）保持招标具有竞争性；（3）委托招标时，应当向招标代理机构提供招标所需的有关资料并支付招标代理服务费；（4）依法编制招标文件，公开招标条件与要求；（5）依法组建评标委员会，保障其独立评标；（6）对招标投标信息保密；（7）中标人确定前不与投标人进行实质性谈判；（8）接受招标行政监督管理；（9）与中标人签订合同并全面履行。

第九条　【招标项目应具备的主要条件】 招标项目按照国家有关规定需要履行项目审批手续的，应当先履行审批手续，取得批准。

招标人应当有进行招标项目的相应资金或者资金来源已经落实，并应当在招标文件中如实载明。

条文解读

招标人在项目招标程序开始前，应完成的准备工作和应满足的有关条件主要有两项：一是履行审批手续，二是落实资金。

（1）按照国家规定需履行审批手续的招标项目，应当先履行审批手续。对于《招标投标法》第3条规定的必须进行招标的项目以及法律、国务院规定必须招标的其他项目，大多需要经过国务院、国务院有关部门或省市有关部门的审批，且根据《工程建设项目申报材料增加招标内容和核准招标事项暂行规定》，凡是该规定第2条包括的工程建设项目，必须在报送的项目可行性研究报告或者资金申请报告、项目申请报告中增加有关招标的内容。只有经有关部门审核批准后，而且建设资金或资金来源已经落实，才能进行招标。需要指出的是，并不是所有的招标项目都需要审批，只有那些"按照国家有关规定需要履行审批手续的"，才应当先履行审批手续，取得批准。没有经过审批或者审批没有获得批准的项目是不能进行招标的，擅自招标属于违法行为。投标人在参加要求履行审批手续的项目投标时，须特别注意招标项目是否已经有关部门审核批准，以免造成不必要的损失。

（2）招标人应当有进行招标项目的相应资金或者资金来源已经落实，并在招标文件中如实载明。所谓"有进行招标项目的相应资金或者资金来源已经落实"，是指进行某一单项建设项目、货物或服务采购所需的资金已经到位，或者尽管资金没有到位，但来源已经落实。从目前的实践来看，招标项目的资金来源一般包括：国家和地方政府的财政拨款、企业的自有资金包括银行贷款在内的各种方式的融资，以及外国政府和有关国际组织的贷款。

实务应用

05. 依法应当报送项目审批部门审批的工程建设项目，应当增加哪些招标内容？

应当增加的招标内容包括：（1）建设项目的勘察、设计、施工、监理以及重要设备、材料等采购活动的具体招标范围（全部或者部分招标）。（2）建设项目的勘察、设计、施工、监理以及重要设备、材料等采购活动拟采用的招标组织形式（委托招标或者自行招标）；拟自行招标的，还应按照有关规定报送书面材料，至少包括项目法人营业执照、法人证书或者项目法人组建文件；与招标项目相适应的专业技术力量情况；内设的招标机构或者专职招标业务人员的基本情况；拟使用的专家库情况；以往编制的同类工程建设项目招标文件和评标报告，以及招标业绩的证明材料等。（3）建设项目的勘察、设计、施工、监理以及重要设备、材料等采购活动拟采用的招标方式（公开招标或者邀请招标）；国家发展和改革委员会确定的国家重点项目和省、自治区、直辖市人民政府确定的地方重点项目，拟采用邀请招标的，应对采用邀请招标的理由作出说明。（4）其他有关内容。

03. 项目资金未落实即招标，是否应当承担法律责任？①

2012 年 10 月，油田医院就其污水处理站扩建工程委托招标代理公司对外招标。2012 年 10 月 31 日，招标代理公司向包括环保科技公司在内的受邀投标商发出招标文件，其中规定确定中标供应商后，招标代理公司必须在 7 日内向中标供应商发出中标通知书，中标供应商在成交后 10 日内无正当理由拒签合同的，采购人不予退还投标保证金。环保科技公司参加投标并交纳了投标保证金 30 万元。评标委员会确认环保科技公司为第一中标候选人，但招标人一直未发中标通知书。

2013 年 5 月 12 日，招标代理公司向环保科技公司发出通知书，载明：油田医院污水处理站扩建改造工程项目于 2012 年 11 月 9 日确定贵公司为第一拟中标供应商，但由于采购人对本项目的资金未落实到位，因此取消该项目成交结果及项目采购，现无息退还投标保证金。其间，油田医院将涉案工程发包给其他公司施工。

环保科技公司认为油田医院的行为违反招投标相关法律规定，使其不能享有合同权利，故诉至法院。

法院认为，招标人在发布招标公告或者发出投标邀请时，应该具有合法的招标资格，主要包括项目已经法定部门审批或核准、资金已经到位等基本条件。油田医院作为招标人，对外发出招标文件后，经过竞标环保科技公司被确定为第一中标候选人，但油田医院却以资金未落实到位为由取消项目，并将工程发包给投标人以外的供应商，严重违背了诚实信用原则，应当承担缔约过失责任。双方尚未签订合同，环保科技公司请求赔偿可得利益损失，不符合法律规定，不予支持。环保科技公司按油田医院要求参加了涉案项目的投标并交纳了投标保证金，油田医院

---

① 参见《油田医院与环保科技公司承揽合同纠纷二审民事判决书》，案号：（2014）东商终字第 138 号，载中国裁判文书网，最后访问时间：2023 年 11 月 3 日。

应返还投标保证金占用期间所产生的孳息。

综上，法院判决油田医院支付环保科技公司投标保证金利息损失10125元（按中国人民银行同期同类存款利率计算），驳回其他诉讼请求。

第十条 【公开招标和邀请招标】 招标分为公开招标和邀请招标。

公开招标，是指招标人以招标公告的方式邀请不特定的法人或者其他组织投标。

邀请招标，是指招标人以投标邀请书的方式邀请特定的法人或者其他组织投标。

条文解读

招标分为公开招标与邀请招标。公开招标，是指招标人以招标公告的方式邀请不特定的法人或其他组织参加投标竞争，招标人从中择优选择中标人的招标方式。公开招标是一种最能体现"公开、公平、公正"的特点，最大限度实现信息公开、充分竞争的招标方式，实践中被普遍采用。邀请招标，是指招标人以发送投标邀请书的方式邀请特定的法人或者其他组织参加投标竞争并从中选择中标人的方式。采用邀请招标方式的，应当向3个以上具备承担招标项目的能力、资信良好的特定的法人或者其他组织发出投标邀请书。

两者的区别是：（1）发布招标信息的方式不同。公开招标的招标人采用报纸、电视、广播等公众媒体发布公告的方式，而邀请招标则是招标人以信函、电信、传真等方式发出投标邀请书的方式。（2）潜在投标人的范围不同。在公开招标中，所有对通过招标公告发布的招标项目感兴趣的法人或其他组织都可以参加投标竞争，招标人事先并不知道潜在投标人的数量；而邀请招标时，仅有接到邀请书的企业可以投标，缩小了招标人的选择范围。（3）公开的范围不同。根据各自的特点，公开招标的项目公开的范围要较邀请招标广泛得多，具有较强的公开性和竞争性；而邀请招标则在一定程度上圈定了投标人的范围，降低了竞争程度。

06. 公开招标需符合哪些条件？

公开招标需符合如下条件：（1）招标人需向不特定的法人或者其他组织发出投标邀请。招标人应当通过为全社会所熟悉的公共媒体公布其招标项目、拟采购的具体设备或工程内容等信息，向不特定的人提出邀请。（2）公开招标需采取公告的方式，向社会公众明示其招标要求，使尽量多的潜在投标商获取招标信息，前来投标。采取其他方式如向个别供应商或承包商寄信等方式采购的都不是公告方式，不应为公开招标人所采纳。招标公告的发布有多种途径，如可以通过报纸、广播、网络等公共媒体。

第十一条　【适用邀请招标的情形】国务院发展计划部门确定的国家重点项目和省、自治区、直辖市人民政府确定的地方重点项目不适宜公开招标的，经国务院发展计划部门或者省、自治区、直辖市人民政府批准，可以进行邀请招标。

条文解读

关于邀请招标，《招标投标法》只粗略地规定"不适宜公开招标"，没有进行具体化规定。《招标投标法实施条例》规定了四种法定情形：（1）必须是技术复杂，只有少量潜在投标人可供选择；（2）必须是有特殊要求，只有少量潜在投标人可供选择；（3）必须是受自然环境限制，只有少量潜在投标人可供选择；（4）采用公开招标方式的费用占项目合同金额的比例过大。其他部门规章规定的邀请招标的法定条件，在《招标投标法实施条例》规定的四种法定条件外，增加了三种：（1）必须是涉及国家安全，适宜招标但不宜公开招标；（2）必须是涉及国家秘密，适宜招标但不宜公开招标；（3）必须是涉及抢险救灾，适宜招标但不宜公开招标。

工程建设项目施工经过批准后可以进行邀请招标的情形 ➡ 依法必须进行公开招标的项目，有下列情形之一的，可以邀请招标：（1）项目技术复杂或有特殊要求，或者受自然地域环境限制，只有少量潜在投标人可供选择；（2）涉及国家安全、国家秘密或者抢险救灾，适宜招标但不宜公开招标；（3）采用公开招标方式的费用占项目合同金额的比例过大。有上述第 2 项所列情形，属于《工程建设项目施工招标投标办法》第 10 条规定的项目，由项目审批、核准部门在审批、核准项目时作出认定；其他项目由招标人申请有关行政监督部门作出认定。

依法必须进行勘察设计招标的工程建设项目可以进行邀请招标的情形 ➡ 依法必须进行公开招标的项目，在下列情况下可以进行邀请招标：（1）技术复杂、有特殊要求或者受自然环境限制，只有少量潜在投标人可供选择；（2）采用公开招标方式的费用占项目合同金额的比例过大。招标人采用邀请招标方式的，应保证有 3 个以上具备承担招标项目勘察设计的能力，并具有相应资质的特定法人或者其他组织参加投标。

货物采购在经过批准后可以进行邀请招标的情形 ➡ 依法应当公开招标的项目，有下列情形之一的，可以邀请招标：（1）技术复杂、有特殊要求或者受自然环境限制，只有少量潜在投标人可供选择；（2）采用公开招标方式的费用占项目合同金额的比例过大；（3）涉及国家安全、国家秘密或者抢险救灾，适宜招标但不宜公开招标。有上述第 2 项所列情形，属于按照国家有关规定需要履行项目审批、核准手续的依法必须进行招标的项目，由项目审批、核准部门认定；其他项目由招标人申请有关行政监督部门作出认定。

关联参见

《招标投标法实施条例》第 8 条；《工程建设项目施工招标投标办

法》第 11 条;《工程建设项目勘察设计招标投标办法》第 11 条;《工程建设项目货物招标投标办法》第 11 条

第十二条 **【代理招标和自行招标】** 招标人有权自行选择招标代理机构,委托其办理招标事宜。任何单位和个人不得以任何方式为招标人指定招标代理机构。

招标人具有编制招标文件和组织评标能力的,可以自行办理招标事宜。任何单位和个人不得强制其委托招标代理机构办理招标事宜。

依法必须进行招标的项目,招标人自行办理招标事宜的,应当向有关行政监督部门备案。

条文解读

招标人有权自行招标或委托他人代为招标 ◐ 招标人是拟招标项目的所有者,是市场经济的主体,有自行办理招标或委托他人招标的自主权利。但是近年来实践中一些地方和部门对招标投标活动非法干预较多,其中强制招标单位委托代理,或者为招标单位指定代理机构,为本部门、本系统谋取经济利益的情况屡见不鲜,这种做法剥夺了招标人自行招标和自愿委托他人招标的权利,侵害了国家和其他招标、投标主体的利益,使招标活动无法做到真正的公平和公正,扰乱了招标投标市场的竞争秩序。本条针对实践中存在的上述问题,明确规定了招标人自行招标和委托他人招标的权利,对保护招标投标活动当事人的合法权益,维护正常的市场竞争秩序,扼制招标投标活动中的腐败行为将起到促进作用。

需要注意的是,第 2 款规定的招标人具有编制招标文件和组织评标能力,是指招标人具有与招标项目规模和复杂程度相适应的技术、经济等方面的专业人员。

任何单位违法为招标人指定招标代理机构的,强制招标人委托招代理机构办理招标事宜的，责令其改正；对单位直接负责的主管人员和其他直接责任人员依法给予警告、记过、记大过的处分，情节较重的，依法给予降级、撤职、开除的处分。个人利用职权进行该违法行为的，也依此追究责任。

招标人自行办理招标事宜的，应当具有编制招标文件和组织评标的能力，具体包括：（1）具有项目法人资格（或者法人资格）；（2）具有与招标项目规模和复杂程度相适应的工程技术、概预算、财务和工程管理等方面专业技术力量；（3）有从事同类工程建设项目招标的经验；（4）拥有3名以上取得招标职业资格的专职招标业务人员；（5）熟悉和掌握招标投标法及有关法规规章。

政府采购人符合下列条件的，可以自行组织招标：（1）具有独立承担民事责任的能力；（2）具有编制招标文件和组织招标能力，有与采购招标项目规模和复杂程度相适应的技术、经济等方面的采购和管理人员；（3）采购人员经过省级以上人民政府财政部门组织的政府采购培训。

招标人自行招标的，项目法人或者组建中的项目法人应当在报送项目可行性研究报告或者资金申请报告、项目申请报告时，一并报送用以证明具有编制招标文件和组织评标的能力的书面材料。书面材料应当至少包括：（1）项目法人营业执照、法人证书或者项目法人组建文件；（2）与招标项目相适应的专业技术力量情况；（3）取得招标职业资格的专职招标业务人员的基本情况；（4）拟使用的专家库情况；（5）以往编制的同类工程建设项目招标文件和评标报告，以及招标业绩的证明材料；（6）其他材料。在报送可行性研究报告或者资金申请报告、项目申请报告前，招标人确需通过招标方式或者其他方式确定勘察、设计单位开展前期工作的，应当在前述书面材料中说明。

招标人自行招标，不按规定的要求履行自行招标核准手续的或者报送的书面材料有遗漏，主管部门要求其补正，但其不及时补正的，视同不具备自行招标条件。自行招标人在履行核准手续中有弄虚作假情况的，视同不具备自行招标条件。

招标人自行招标的，应当在确定中标人之日起 15 日内提交招标投标情况的书面报告。报告至少应当包括下列内容：（1）招标方式和发布资格预审公告、招标公告的媒介；（2）招标文件中投标人须知、技术规格、评标标准和方法、合同主要条款等内容；（3）评标委员会的组成和评标报告；（4）中标结果。

关联参见

《招标投标法实施条例》第 10 条

第十三条　【招标代理机构及条件】招标代理机构是依法设立、从事招标代理业务并提供相关服务的社会中介组织。

招标代理机构应当具备下列条件：

（一）有从事招标代理业务的营业场所和相应资金；

（二）有能够编制招标文件和组织评标的相应专业力量。

条文解读

招标代理机构应当拥有一定数量的具备编制招标文件、组织评标等相应能力的专业人员。招标代理机构是一个智力服务型企业，从业人员的素质和专业能力是决定和衡量招标代理服务能力资格的决定性因素。因此，招标代理机构的从业人员中必须拥有一定数量获得招标投标职业资格的专业人员。

关联参见

《招标投标法实施条例》第 11—12 条

第十四条　【招标代理机构的资格认定】招标代理机构与行政机关和其他国家机关不得存在隶属关系或者其他利益关系。

关联参见

《住房城乡建设部办公厅关于取消工程建设项目招标代理机构资格认定加强事中事后监管的通知》

第十五条 【招标代理机构的代理范围】 招标代理机构应当在招标人委托的范围内办理招标事宜，并遵守本法关于招标人的规定。

条文解读

招标代理属于委托代理的一种。招标人与招标代理机构之间是委托代理关系，具体表现是：第一，招标代理机构应在招标人委托权限范围内，以招标人的名义，办理招标事宜，其代理活动的后果由招标人承担。第二，没有得到招标人的委托或超过委托权限范围从事代理活动，或在代理权已被终止情况下作出的行为所产生的后果，招标人未追认的，由招标代理机构自行承担。第三，招标代理机构应亲自行使代理权，善尽勤勉和谨慎的义务。未尽职责行使代理权、滥用代理权或无权代理，给招标人造成损失的，应依法承担赔偿责任。第四，招标代理机构应当遵守《招标投标法》对招标人的规定，如《招标投标法》第22条第1款规定，招标人不得向他人透露已获取招标文件的潜在投标人的名称、数量以及可能影响公正竞争的有关招标投标的其他情况，对此招标代理机构也应遵守。

招标委托代理关系还有一定的特殊性，即招标代理合同性质带有部分中介合同的色彩。在招标代理合同中，招标代理机构不能以自己的名义与第三人订立合同，只能完全根据招标人的指示来办理招标事宜，为招标人和投标人之间订约提供服务。另外，允许招标代理机构向中标人收取招标代理服务费。

07. 招标代理机构违法泄露应当保密的与招标投标活动有关的情况和资料的，如何处罚？

招标代理机构违法泄露应当保密的与招标投标活动有关的情况和资料的，或者与招标人、投标人串通损害国家利益、社会公共利益或者他人合法权益的，由有关行政监督部门处 5 万元以上 25 万元以下罚款，对单位直接负责的主管人员和其他直接责任人员处单位罚款数额 5%以上 10%以下罚款；有违法所得的，并处没收违法所得；情节严重的，禁止其 1 年至 2 年内代理依法必须进行招标的项目并予以公告，直至由工商行政管理机关吊销营业执照；构成犯罪的，依法追究刑事责任。给他人造成损失的，依法承担赔偿责任。前述行为影响中标结果的，中标无效。

关联参见

《招标投标法实施条例》第 13 条

第十六条　【招标公告】招标人采用公开招标方式的，应当发布招标公告。依法必须进行招标的项目的招标公告，应当通过国家指定的报刊、信息网络或者其他媒介发布。

招标公告应当载明招标人的名称和地址、招标项目的性质、数量、实施地点和时间以及获取招标文件的办法等事项。

条文解读

依法必须招标项目的资格预审公告和招标公告，应当载明以下内容：（1）招标项目名称、内容、范围、规模、资金来源；（2）投标资格能力要求，以及是否接受联合体投标；（3）获取资格预审文件或招标文件的时间、方式；（4）递交资格预审文件或投标文件的截止时间、方式；（5）招标人及其招标代理机构的名称、地址、联系人及联系方式；（6）采用电子招标投标方式的，潜在投标人访问电子招标投标交易平台的网址和方法；（7）其他依法应当载明的内容。

依法必须招标项目的中标候选人公示应当载明以下内容：（1）中标候选人排序、名称、投标报价、质量、工期（交货期），以及评标情况；（2）中标候选人按照招标文件要求承诺的项目负责人姓名及其相关证书名称和编号；（3）中标候选人响应招标文件要求的资格能力条件；（4）提出异议的渠道和方式；（5）招标文件规定公示的其他内容。依法必须招标项目的中标结果公示应当载明中标人名称。

依法必须招标项目的招标公告和公示信息有下列情形之一的，潜在投标人或者投标人可以要求招标人或其招标代理机构予以澄清、改正、补充或调整：（1）资格预审公告、招标公告载明的事项不符合《招标公告和公示信息发布管理办法》第5条规定，中标候选人公示载明的事项不符合《招标公告和公示信息发布管理办法》第6条规定；（2）在两家以上媒介发布的同一招标项目的招标公告和公示信息内容不一致；（3）招标公告和公示信息内容不符合法律法规规定。招标人或其招标代理机构应当认真核查，及时处理，并将处理结果告知提出意见的潜在投标人或者投标人。

关联参见

《招标投标法实施条例》第15条；《招标公告和公示信息发布管理办法》第5条、第6条、第16条

第十七条 【投标邀请书】招标人采用邀请招标方式的，应当向三个以上具备承担招标项目的能力、资信良好的特定的法人或者其他组织发出投标邀请书。

投标邀请书应当载明本法第十六条第二款规定的事项。

邀请招标是向特定的法人或其他组织发出投标邀请的一种招标方式，采用这种方式的招标人虽然可以根据项目的特点选择特定的潜在投标人，但在招标程序、评标标准等招标的重要环节上均与公开招标相同，邀请招标不是议标，不能因为其招标对象的特定性而取代了招标公开性、竞争性的本质特征。

为了防止在邀请招标中招标人故意邀请一些不符合条件的法人或其他组织作为其内定中标人的陪衬，搞虚假招标，本条明确要求，招标人采用邀请招标方式的，应当向3个以上具备承担招标项目的能力、资信良好的特定的法人或者其他组织发出投标邀请书，招标人应严格执行上述规定，不得规避。但是对于所邀请的对象如何产生没有规定，招标人的自由度较大，可以自主决定邀请的对象，只要是3个及以上招标人认为具备承担招标项目的能力、资信良好的潜在投标人即可。

对于政府采购货物和服务招标项目而言，对招标人确定邀请投标人的权利进行了严格的法律限制，即邀请对象必须从符合相应资格条件的供应商中随机抽取产生，而不是由招标人直接指定。根据《政府采购货物和服务招标投标管理办法》第14条规定，采用邀请招标方式的，采购人或者采购代理机构应当通过以下方式产生符合资格条件的供应商名单，并从中随机抽取3家以上供应商向其发出投标邀请书：（1）发布资格预审公告征集；（2）从省级以上人民政府财政部门建立的供应商库中选取；（3）采购人书面推荐。采用前述第1项方式产生符合资格条件供应商名单的，采购人或者采购代理机构应当按照资格预审文件载明的标准和方法，对潜在投标人进行资格预审。采用前述第2项或者第3项方式产生符合资格条件供应商名单的，备选的符合资格条件供应商总数不得少于拟随机抽取供应商总数的2倍。随机抽取是指通过抽签等能够保证所有符合资格条件供应商机会均等的方式选定供应商。随机抽取供应商时，应当有不少于2名采购人工作人员在场监督，并形成书面记录，随采购文件一并存档。投标邀请书应当同时向所有受邀请的供应商发出。

第十八条　【对潜在投标人的资格审查】招标人可以根据招标项目本身的要求，在招标公告或者投标邀请书中，要求潜在投标人提供有关资质证明文件和业绩情况，并对潜在投标人进行资格审查；国家对投标人的资格条件有规定的，依照其规定。

招标人不得以不合理的条件限制或者排斥潜在投标人，不得对潜在投标人实行歧视待遇。

条文解读

对潜在投标人的资格审查是招标人的一项权利，其目的是审查投标人是否具有承担招标项目的能力，以保证投标人中标后，能切实履行合同义务。根据本条规定，招标人对潜在投标人的资格审查包括两个方面的内容，一是有权要求投标人提供与其资质能力相关的资料和情况，包括要求投标人提供国家授予的有关的资质证书、生产经营状况、所承担项目的业绩等；二是有权对投标人是否具有相应资质能力进行审查，包括对投标人是否为依法成立的法人或其他组织，是否具有独立签约能力；经营状况是否正常，是否处于停业、财产被冻结、被他人接管；是否具有相应的资金、人员、机械设备等。

资格审查分为资格预审和资格后审两种形式。资格预审一般是在投标人投标前，由招标人发布资格预审公告或邀请，要求潜在投资人提供有关资质证明，经预审合格的，方被允许参加正式投标；资格后审是指在开标后，再对投标人或中标人人选是否具有合同履行能力进行审查，资格后审不合格的投标人的投标一般应予否决。《招标投标法》关于资格审查的规定，既适用于资格预审，也适用于资格后审。

招标人以不合理的条件限制或者排斥潜在投标人的，对潜在投标人实行歧视待遇的，责令改正，可以处1万元以上5万元以下的罚款。

08. 以不合理条件限制、排斥潜在投标人或者投标人的主要情形有哪些?

招标人有下列行为之一的,属于以不合理条件限制、排斥潜在投标人或者投标人:(1)就同一招标项目向潜在投标人或者投标人提供有差别的项目信息;(2)设定的资格、技术、商务条件与招标项目的具体特点和实际需要不相适应或者与合同履行无关;(3)依法必须进行招标的项目以特定行政区域或者特定行业的业绩、奖项作为加分条件或者中标条件;(4)对潜在投标人或者投标人采取不同的资格审查或者评标标准;(5)限定或者指定特定的专利、商标、品牌、原产地或者供应商;(6)依法必须进行招标的项目非法限定潜在投标人或者投标人的所有制形式或者组织形式;(7)以其他不合理条件限制、排斥潜在投标人或者投标人。

关联参见

《招标投标法实施条例》第16—23条、第32条;《工程建设项目施工招标投标办法》第16—20条;《工程建设项目勘察设计招标投标办法》第13条、第14条;《工程建设项目货物招标投标办法》第14—20条;《〈标准施工招标资格预审文件〉和〈标准施工招标文件〉暂行规定》

第十九条 【招标文件】招标人应当根据招标项目的特点和需要编制招标文件。招标文件应当包括招标项目的技术要求、对投标人资格审查的标准、投标报价要求和评标标准等所有实质性要求和条件以及拟签订合同的主要条款。

国家对招标项目的技术、标准有规定的,招标人应当按照其规定在招标文件中提出相应要求。

招标项目需要划分标段、确定工期的，招标人应当合理划分标段、确定工期，并在招标文件中载明。

条文解读

招标文件是整个招标过程中极为重要的法律文件，它不仅规定了完整的招标程序，而且还提出了各项具体的技术标准和交易条件，规定了拟订立的合同的主要内容，是投标人准备投标文件和参加投标的依据，是评审委员会评标的依据，也是拟订合同的基础。本条对招标文件的内容作了原则性的规定，具体的招标文件的编制请见《〈标准施工招标资格预审文件〉和〈标准施工招标文件〉暂行规定》。

发售招标文件 ➡ 招标人应当按照资格预审公告、招标公告或者投标邀请书规定的时间、地点发售资格预审文件或者招标文件。资格预审文件或者招标文件的发售期不得少于 5 日。招标人发售资格预审文件、招标文件收取的费用应当限于补偿印刷、邮寄的成本支出，不得以营利为目的。

招标人应当合理确定提交资格预审申请文件的时间。依法必须进行招标的项目提交资格预审申请文件的时间，自资格预审文件停止发售之日起不得少于 5 日。

投标保证金数额 ➡ 关于招标人在招标文件中要求投标人提交的投标保证金数额，工程建设项目施工投标保证金不得超过项目估算价的 2%，但最高不得超过 80 万元人民币；勘察设计项目投标保证金数额不得超过勘察设计估算费用的 2%，但最多不超过 10 万元人民币；工程建设项目货物投标保证金不得超过项目估算价的 2%，但最高不得超过 80 万元人民币。投标人不按招标文件要求的方式和金额提交投标保证金的，该投标文件应予否决。

09. 招标人可否分阶段进行招标？

对技术复杂或者无法精确拟定技术规格的项目，招标人可以分两阶段进行招标。第一阶段，投标人按照招标公告或者投标邀请书的要求提交不带报价的技术建议，招标人根据投标人提交的技术建议确定技术标准和要求，编制招标文件。第二阶段，招标人向在第一阶段提交技术建议的投标人提供招标文件，投标人按照招标文件的要求提交包括最终技术方案和投标报价的投标文件。招标人要求投标人提交投标保证金的，应当在第二阶段提出。

04. 招标投标活动能否设置诚信保证金？[①]

2013 年 7 月 12 日，安徽省芜湖市某航管理局与芜湖市政府第一招标采购代理处（以下简称代理处）签订一份《政府招标采购委托代理协议》，约定"芜湖市荆山桥改建工程"由代理处代理招标。2013 年 10 月 12 日，中某上海工程公司向代理处交付了投标保证金 420 万元和诚信保证金 600 万元。2013 年 11 月 14 日，中某上海工程公司与代理处盖章签署了《诚信保证合同》。双方依据《诚信制度》，对项目招标过程中应遵守诚信义务及诚信保证金的交纳和退还作了约定，并提交了投标文件。经评审，中某上海工程公司被评审为首选中标单位。公示期间，他人举报中某上海工程公司中标项目经理在蚌埠市怀远县有在建项目。经调查核实后，代理处于 2013 年 12 月 3 日向中某上海工程公司下达了54 号函，认定中某上海工程公司在投标过程中违反了《诚信制度》之

---

① 参见《安徽省芜湖市人民政府、中某上海工程公司再审审查与审判监督行政裁定书》，案号：（2017）最高法行申 442 号，载中国裁判文书网，最后访问时间：2023 年 11 月 3 日。

规定，依据双方所签订的《诚信保证合同》，中某上海工程公司的投标诚信保证金不予返还，由代理处代缴国库。中某上海工程公司对不予返还诚信保证金600万元的行为不服，提起诉讼。一审法院驳回中某上海工程公司的诉讼请求。中某上海工程公司不服，提起上诉。二审法院判决撤销芜湖市政府于2013年12月3日作出的不予返还中某上海工程公司600万元投标诚信保证金的行为；责令芜湖市政府依法重新作出处理。芜湖市政府向最高人民法院申请再审。

最高人民法院经再审审查认为：依照法律、法规、规章的规定实施行政管理，是行政机关依法行政的基本要求。对于政府招标活动中投标人弄虚作假行为的行政处理，应当依据《招标投标法》《招标投标法实施条例》等法律、法规、规章进行。本案没有证据证明不予退还诚信保证金在法律、法规、规章层面存在依据。再审申请人在向本院申请再审中提及的《国务院办公厅关于清理规范工程建设领域保证金的通知》第1条亦规定："全面清理各类保证金。对建筑业企业在工程建设中需缴纳的保证金，除依法依规设立的投标保证金、履约保证金、工程质量保证金、农民工工资保证金外，其他保证金一律取消。对取消的保证金，自本通知印发之日起，一律停止收取。"对于取消的保证金，该通知第3条要求各地要抓紧制定具体可行的办法，于2016年底前退还相关企业。诚信保证金欠缺法定依据，显然位处被取消之列。就本案而言，二审法院已判决撤销再审申请人于2013年12月3日作出的不予返还再审被申请人600万元投标诚信保证金的行为。在二审判决生效之后，再审申请人应当采取积极举措，以《国务院办公厅关于清理规范工程建设领域保证金的通知》为指导，切实履行二审判决确定的义务。

关联参见

《招标投标法实施条例》第30条；《〈标准施工招标资格预审文件〉和〈标准施工招标文件〉暂行规定》；《工程建设项目勘察设计招标投标办法》第24条、第37条；《工程建设项目货物招标投标办法》第27

条；《政府采购货物和服务招标投标管理办法》第38条

第二十条 【招标文件的限制】招标文件不得要求或者标明特定的生产供应者以及含有倾向或者排斥潜在投标人的其他内容。

条文解读

招标文件不得要求或者标明特定的生产供应者 ➡ 招标项目的技术规格除有国家强制性标准外，一般应当采用国际或国内公认的标准，各项技术规格均不得要求或标明某一特定的生产厂家、供货商、施工单位或注明某一特定的商标、名称、专利、设计及原产地。

招标文件不得含有倾向或者排斥潜在投标人的其他内容 ➡ 比如，实践中有的项目在国际招标中为使某一外国厂商中标，提出不合理的技术要求，使其他潜在投标人因达不到这一技术要求而不能投标。有的投标人因在以前的招标项目中对招标人的某些行为提出过异议，在以后的招标中，招标人为排斥该投标人，在招标文件中故意提出不合理的要求，进行打击报复。这些行为根据本条的规定都是不合法的，应予禁止。

关联参见

《招标投标法实施条例》第32条、第48条

第二十一条 【潜在投标人对项目现场的踏勘】招标人根据招标项目的具体情况，可以组织潜在投标人踏勘项目现场。

条文解读

踏勘现场是指招标人组织投标人对项目实施地的人文、地理、地质、气候等客观条件和环境进行的现场考察。招标人在发出招标公告或者投标邀请书后，可以根据招标项目的实际情况，组织潜在投标人到项

目现场进行实地勘察，但是不得单独或者分别组织任何一个或者部分投标人进行现场踏勘。这是为了防止招标人向潜在投标人有差别地提供信息，造成投标人之间的不公平竞争。招标人组织全部潜在投标人实地踏勘项目现场的，应当采取相应的保密措施并对投标人提出相关保密要求，不得采用集中签到甚至点名等方式。

是否参加招标人组织的现场踏勘是投标人的权利。潜在投标人可根据是否决定投标或者编制投标文件的需求，到现场调查，进一步了解招标者的意图和现场周围环境情况，以获取有用信息并据此作出是否投标或投标策略以及投标价格决定。但是，并非所有的招标项目，招标人都有必要组织潜在投标人进行实地勘察，对于采购对象比较明确的，如货物招标，往往就没有必要进行现场踏勘。可见，这一环节对于招投标程序并非强制性的。

招标人对某个潜在投标人在阅读招标文件或是现场踏勘中提出的疑问的解答，属于招标文件的组成部分，应当以书面形式告知所有购买了招标文件的潜在投标人。

招标人在组织踏勘中的义务 ➡ 一是公平原则。为防止招标人提供差别信息，排斥潜在投标人，招标人组织踏勘必须坚持公平原则一视同仁，不能单独或分批组织，以免对潜在投标人不公平情况的发生。在踏勘中，招标人应主动向全体潜在投标人介绍所有现场的有关情况，潜在投标人对影响供货或者承包项目的现场条件进行全面考察，包括经济、地质、气候、法律环境等情况，对工程建设项目一般应至少了解以下内容：（1）施工现场是否达到招标文件规定的条件；（2）施工的地理位置和地形、地貌；（3）施工现场的地址、土质、地下水位、水文等情况；（4）施工现场的气候条件，如气温、湿度、风力等；（5）施工现场的环境，如交通、供水、供电、污水排放等；（6）临时用地、临时设施搭建等，即工程施工过程中临时使用的工棚、堆放材料的库房以及这些设施所占持方等。对于潜在投标人提出的问题，可以当场口头解答，也可在招标预备（答疑）会一并口头或书面回答。

二是保密原则。在组织潜在投标人到现场踏勘时，必须对潜在投标人的单位、到场人员的姓名采取必要的措施予以保密，如对单位采用编号的方式称呼、报名登记每单位一张表等，否则违反《招标投标法》第22条"招标人不得向他人透露已获取招标文件的潜在投标人的相关信息"的规定。

关联参见

《招标投标法实施条例》第28条；《工程建设项目施工招标投标办法》第32条、第33条；《工程建设项目勘察设计招标投标办法》第17条

第二十二条　【招标人的保密义务】招标人不得向他人透露已获取招标文件的潜在投标人的名称、数量以及可能影响公平竞争的有关招标投标的其他情况。

招标人设有标底的，标底必须保密。

条文解读

本条中的标底是招标项目的底价，是招标人采购工程、货物或者服务项目的预算期望值，是招标人组织专业人员，按照招标项目实际需求和招标文件规定的招标范围等条件，结合有关规定、市场要素价格水平以及合理可行的技术经济方案，综合考虑市场供求状况，进行科学测算的预期价格，是评标委员会评价分析投标报价竞争性、合理性的参考依据。一般工程招标项目需要编制标底。

招标人可以根据招标项目的特点自主决定是否编制以及如何编制标底，有关部门不应当干预。《招标投标法实施条例》第27条第1款、第2款规定："招标人可以自行决定是否编制标底。一个招标项目只能有一个标底。标底必须保密。接受委托编制标底的中介机构不得参加受托编制标底项目的投标，也不得为该项目的投标人编制投标文件或者提供

咨询。"强调招标人可以自行决定是否编制标底，标底必须唯一和保密，这是为了使标底不影响和误导投标人的公平竞争，因此标底在开标前仍然应当保密。标底体现了招标人准备选择的一个技术方案及其可以接受的一个市场预期价格，也是分析衡量投标报价的一个参考指标，所以一个招标项目只能有一个标底。

标底的编制一般应注意以下六点：（1）根据设计图纸及有关资料，参照国家规定的技术、经济标准定额及规范，确定工程量和设定标底。（2）标底价格应由成本、利润和税金组成，一般应控制在批准的建设项目总概算及投资包干的限额内。（3）标底作为招标人的期望价，应力求与市场的实际变化相吻合，要有利于竞争和保证工程质量。（4）标底价格应考虑人工、材料、机械台班等价格变动因素，还应包括施工不可预见费、包干费和措施费等。工程要求优良的，还应增加相应费用。（5）一个工程只能编制一个标底。招标人对标底的保密要从编制时开始，到开标后结束。（6）招标人设有最高投标限价的，应当在招标文件中明确最高投标限价或者最高投标限价的计算方法。招标人不得规定最低投标限价。

实务应用

10. **依法必须进行招标的项目的招标人向他人透露已获取招标文件的潜在投标人的名称、数量或者可能影响公平竞争的有关招标投标的其他情况的，或者泄露标底的，如何处罚？**

应对实施违法行为的招标人给予警告，可以并处 1 万元以上 10 万元以下的罚款；对单位直接负责的主管人员和其他直接责任人员依法给予处分；构成犯罪的，依法追究刑事责任。如果招标人的违法行为影响中标结果的，中标无效。

关联参见

《招标投标法实施条例》第 27 条

第二十三条 　【招标文件的澄清或修改】招标人对已发出的招标文件进行必要的澄清或者修改的，应当在招标文件要求提交投标文件截止时间至少十五日前，以书面形式通知所有招标文件收受人。该澄清或者修改的内容为招标文件的组成部分。

条文解读

招标人对于招标文件进行澄清和修改 ➡ 招标文件的澄清与修改内容是招标文件的重要组成部分。澄清是指在不改变原文件意思的基础上，对原文件表述不够清楚、不够准确、可能引起歧义的内容作出更加清晰和准确的描述。修改是指对原文件的内容作出改变。

招标人对于已发出的招标文件所进行的澄清或者修改的内容视为招标文件的组成部分，与已发出的招标文件具有同等的效力。需要注意的是，招标人应当在投标截止时间至少 15 日前，以书面形式通知招标文件的潜在投标人；不足 15 日的，招标人应当顺延投标文件的截止时间。

澄清或者修改的内容可能影响资格预审申请文件或者投标文件编制的，招标人应当在提交资格预审申请文件截止时间至少 3 日前，或者投标截止时间至少 15 日前，以书面形式通知所有获取资格预审文件或者招标文件的潜在投标人；不足 3 日或者 15 日的，招标人应当顺延提交资格预审申请文件或者投标文件的截止时间。

有的澄清、修改，仅涉及非实质性内容的调整或者仅仅为程序性内容的修改（如投标文件接收地点的变更、接收时间的延后、开标程序的变更、投标截止时间的变更、密封条件的变更等），可能不影响投标文件的编制，为提高效率，就没有必要在投标截止时间 15 日前作出。前述必须在投标截止时间至少 15 日前以书面形式进行的澄清或者修改，仅仅限定在可能影响投标文件编制的情形（如修改合同条件、技术参数、采购内容、项目组成内容、进度质量安全等商务条件、文件格式等）。投标人收到修改内容后，应在招标文件"投标人须知前附表"规定的时间内以书面形式通知招标人，确认已收到该修改，也可对"该修改是否影响投标文件编制"提出意见，如全部或者多数投标人提出"影响投标文件编制"，则招标人应当推迟投标截止时间。

书面形式通知 ➡ 招标人对已发出的招标文件进行必要的澄清或者修改的，应当以书面形式通知所有招标文件收受人。所谓书面形式，是指以文字形成书面文件的方式所制作的通知，包括信件、电报、电传、传真、电子数据交换和电子邮件等形式。招标人只能以上述形式发出修改或者澄清招标文件的通知，而不能以口头形式通知（如以电话形式通知）。

案例指引

05. 招标人在开标前修改开标时间，并于次日修改招标文件，是否有违诚信原则？[①]

2012 年 11 月，中某公司受江某公司委托，就江某公司家具采购项目进行公开招标，并根据江某公司的委托指示，于 2012 年 11 月 12 日向包括金某公司和长某公司在内的七家供货商发出投标邀请。金某公司接受招标邀请和招标文件后，为投标做了相关准备工作，并于 2012 年 11 月 16 日向中某公司支付投标保证金人民币 8 万元。2012 年 11 月 16 日，长某公司针对招标文件向中某公司和江某公司发出《质疑函》，认为"招标文件评审因素表要求，产品款式与设计"的评分标准以及招标文件评审因素表里提出的针对样品的评分标准不合理，提出质疑。2012 年 11 月 20 日上午，开标前，金某公司工作人员及其他投标单位的人员陆续到达开标地点，准备投递标书。此时，中某公司通知包括金某公司在内的到场投标方投标截止及开标时间已变更，并按照江某公司的通知内容向在场投标方发出《江某公司家具采购项目补充通知（一）》，补充通知称：投标截止及开标时间变更为 2012 年 12 月 11 日 9

---

① 参见《北京金某公司与深圳市中某公司、深圳江某公司缔约过失责任纠纷再审复查与审判监督民事裁定书》，案号：（2014）粤高法民二申字第 449 号，载中国裁判文书网，最后访问时间：2023 年 11 月 3 日。

时 30 分；售卖标书时间延至 2012 年 11 月 30 日 17 时；投标保证金递交截止时间延至 2012 年 12 月 7 日 17 时。2012 年 11 月 22 日，中某公司按照江某公司的通知内容向包括金某公司在内的投标单位发出《江某公司家具采购项目补充通知（二）》，就家具采购项目的招标文件作出如下调整：摆样日期截至 2012 年 12 月 9 日 17 时；投标报价下限由 450 万元调整为 380 万元，上限价格不变，为 480 万元；以书面形式召开招标答疑，各投标人将对招标文件的疑点或需采购方澄清的问题以书面形式通知到招标代理机构，递交截止时间为 2012 年 11 月 23 日 17 时，过期招标代理人和采购人不再受理任何质疑，招标代理人和采购人汇总所有疑点或问题，以书面形式统一、逐一进行澄清或说明，在 2012 年 11 月 26 日 17 时前答复所有投标人；对标书中第一部分《投标人须知及前附表》中的"开标与评标"中的"26 评标方法与详细评审"进行调整，并详列调整后的评分内容。2012 年 11 月 23 日，金某公司就其收到的上述《江某公司家具采购项目补充通知（二）》向中某公司发函称："坚持维持第一次招标的合法性，坚决反对补充通知（一）及补充通知（二）所有内容。"中某公司认为江某公司滥用修改招标文件的权利，违反诚实信用原则，修改招标文件没有遵循公开原则，没有公开招标文件修改的动机、理由和依据，一切都是暗箱操作。

法院经审查认为，《招标投标法》第 23 条规定，招标人对已发出的招标文件有权进行必要的澄清或者修改，但应在招标文件要求提交投标文件截止时间至少 15 前，以书面形式通知所有招标文件收受人。《招标投标法实施条例》第 21 条规定，招标人可以对已发出的资格预审文件或者招标文件进行必要的澄清或者修改。澄清或者修改的内容可能影响资格预审申请文件或者投标文件编制的，招标人应当在提交资格预审申请文件截止时间至少 3 前，或者投标截止时间至少 15 前，以书面形式通知所有获取资格预审文件或者招标文件的潜在投标人；不足 3 日或者 15 日的，招标人应当顺延提交资格预审申请文件或者投标文件的截止时间。本案中，中某公司接受江某公司委托在原定开标日即 2012

年 11 月 20 日开标前通知金某公司将开标时间延至 2012 年 12 月 11 日，并且在原定开标日后第二日书面通知投标人对招标文件内容作出调整，符合上述法律和法规规定，并无不当。尽管中某公司、江某公司在发出修改招标文件补充通知的当日未向金某公司解释修改招标文件的原因，但中某公司、江某公司在收到金某公司书面异议后，已在第三日作出书面答复，告知是因为长某公司在 2012 年 11 月 16 日就招标文件中评审因素表要求和评分标准提出书面质疑而做了澄清和修改，中某公司、江某公司的行为亦符合《招标投标法实施条例》第 22 条招标人应当自收到投标人对招标文件异议之日起 3 日内作出答复的规定。且中某公司、江某公司解释未在招标过程中告知投标人具体的修改原因是根据招投标行业的惯例，不宜将投标人的情况及质疑情况告知其他投标人，也符合《招标投标法》第 22 条 "招标人不得向他人透露已获取招标文件的潜在投标人的名称、数量以及可能影响公平竞争的有关招标投标的其他情况" 的规定。而且修改的内容主要是针对原招标文件中家具样品的评分标准和技术说明，并不足以证明修改后的招标文件存在江某公司故意设定不同评标标准以限制、排斥投标人的情形，也没有证据证明江某公司与长某公司存在串通投标的情形。

关联参见

《招标投标法实施条例》第 21 条

第二十四条 【编制投标文件的时间】招标人应当确定投标人编制投标文件所需要的合理时间；但是，依法必须进行招标的项目，自招标文件开始发出之日起至投标人提交投标文件截止之日止，最短不得少于二十日。

条文解读

由于招标项目的性质不同、规模大小不同、复杂程度不同，因此，投标人编制投标文件所需的合理时间也不同，法律不可能作出具体的统一规定，需要由招标人根据其招标项目的具体情况在招标文件中作出合理规定。从保证法定强制招标项目投标竞争的广泛性出发，法律为各类法定强制招标项目的投标人编制投标文件的最短时间作了规定，即自招标文件开始发出之日起至投标人提交投标文件截止之日止，最短不得少于 20 日。招标人在招标文件中规定的此项时间，可以超过 20 日，但不得少于 20 日，最长不得超过投标文件限定的时间，必须在投标截止时间之前完成。这里还需要注意的是，这段时间的起算是从第一份招标文件开始发出之日起，而不是指向每一个别投标人发出招标文件之日起。

招标人应当按照资格预审公告、招标公告或者投标邀请书规定的时间、地点发售资格预审文件或者招标文件。资格预审文件或者招标文件的发售期不得少于 5 日。招标人发售资格预审文件、招标文件收取的费用应当限于补偿印刷、邮寄的成本支出，不得以营利为目的。

对于机电产品国际招标，给予投标人编制投标文件的时间应该更长一些。其他招标项目也应给予合理的编制投标文件的时间。一旦逾期也就超过了投标截止时间，投标文件就无处可递交。

关联参见

《招标投标法实施条例》第 16 条

第三章 投 标

第二十五条 【投标人】投标人是响应招标、参加投标竞争的法人或者其他组织。

依法招标的科研项目允许个人参加投标的，投标的个人适用本法有关投标人的规定。

条文解读

《招标投标法》将投标人主要规定为法人（含法人的分支机构）或

者非法人组织，主要是考虑到招标项目一般为采购规模较大的建设工程、货物或者服务的项目，自然人条件有限，通常只有法人或非法人组织才能完成。当然，某些科研项目也允许自然人投标。

不得参加投标的投标人 ➡ 与招标人存在利害关系可能影响招标公正性的法人、其他组织或者个人，不得参加投标。单位负责人为同一人或者存在控股、管理关系的不同单位，不得参加同一标段投标或者未划分标段的同一招标项目投标。投标人违反该规定的，相关投标均无效。

关联参见

《招标投标法实施条例》第 34 条

第二十六条　【投标人的资格条件】投标人应当具备承担招标项目的能力；国家有关规定对投标人资格条件或者招标文件对投标人资格条件有规定的，投标人应当具备规定的资格条件。

条文解读

投标人应当具备承担招标项目的能力，通常包括下列条件：（1）与招标文件要求相适应的人力、物力和财力；（2）招标文件要求的资质证书和相应的工作经验与业绩证明；（3）法律、法规规定的其他条件。

国家有关规定对投标人资格条件或者招标文件对投标人资格条件有规定的，投标人应当具备规定的资格条件。对于一些大型建设项目，要求供应商或承包商有一定的资质要求，当投标人参加这类招标时必须具有相应的资质要求。例如，根据《建筑法》第 13 条的规定，从事建筑活动的建筑施工企业、勘察单位、设计单位和工程监理单位，按其拥有的注册资本、专业技术人员、技术装备和已完成的建筑工程业绩等资质条件，划分为不同的资质等级，经资质审查合格，取得相应等级资质证书后，方可在其资质等级许可范围内从事建筑活动。

投标人的权利与义务 ➡ 投标人享有的权利一般包括：（1）平等地

获取招标信息；（2）自主投标；（3）对资格预审文件、招标文件提出异议，要求招标人或招标代理机构进行答复；（4）投标截止日前撤回或补充、修改投标文件；（5）依法分包；（6）参加公开开标，对开标提出异议；（7）对评标结果提出异议；（8）提起投诉，控告、检举招标过程中的违法行为。

投标人主要履行下列义务：（1）按招标文件要求编制、递交投标文件，保证所提供的投标文件的真实性；（2）投标时间截止后不得改变、撤销投标文件；（3）对投标文件的有关问题进行澄清、说明；（4）按招标文件要求提交投标保证金；（5）被确定为中标人前不与招标人进行实质性谈判；（6）中标后按招标文件要求提交履约保证金，与招标人签订并履行合同；（7）不得串通投标、弄虚作假；（8）不得以行贿等手段骗取中标；（9）不得转包或违法分包合同；（10）不得恶意投诉。

实务应用

11. 政府采购货物和服务招标项目的投标人应当具备哪些条件？

政府采购货物和服务招标项目的投标人应当具备下列条件：（1）具有独立承担民事责任的能力；（2）具有良好的商业信誉和健全的财务会计制度；（3）具有履行合同所必需的设备和专业技术能力；（4）有依法缴纳税收和社会保障资金的良好记录；（5）参加政府采购活动前3年内，在经营活动中没有重大违法记录；（6）法律、行政法规规定的其他条件。这是对投标人的最基本的法定条件，另外，采购人也可以根据采购项目的特殊要求，设定供应商的特定条件，但不得以不合理的条件对供应商实行差别待遇或者歧视待遇。

06. 投标人资格条件不合格的，应当如何处理？①

商业公司就其商场环境系统中庭挑空吊饰制作、安装工程进行招标，要求参加投标的施工单位必须是建筑装修工程专业承包一级施工企业。装饰集团递交投标文件，该公司资质为设计甲级、施工二级。评标结束，商业公司向装饰集团子公司装修公司发出中标通知书。装修公司进行了深化设计方案、项目考察、样品打样及蓝色中庭制作等工作。后，商业公司电话通知项目暂停。双方并未按照中标通知书的期限签订建设工程合同，对此装修公司主张系因商业公司招标方案不完善，称待该公司深化设计完成后经商业公司确定，双方再签订书面合同。商业公司主张系因装修公司与投标单位装饰集团不一致，而装饰集团施工资质为二级，未达到招标文件所要求的专业承包一级资质，导致无法签订建设工程合同。装修公司诉至法院，请求判令商业公司支付项目暂停前的工程款 45.2528 万元。

法院认为，商业公司在涉案工程招标文件中明确要求投标人须持有建设行政管理部门颁发的建筑装修工程专业承包一级资质，而无论是投标的装饰集团还是实际施工的装修公司的资质均未达到上述要求，在不具备招标文件规定的投标人资格条件且投标人与实际中标人不符的情况下，商业公司向装修公司发出中标通知书的行为违反了《招标投标法》的规定，而双方基于该中标通知书所形成的事实合同应属无效。对于合同无效所造成的损失，违反招标文件发出中标通知的商业公司以及不具备投标人资格而以他人名义进行投标的装修公司均有过错，应当各自承担相应的责任，以双方各承担 50% 为宜。最终，法院判决商业公司赔偿装修公司商场环境系统中庭挑空吊饰制作、安装工程样品打样费用及蓝

---

① 参见《商业公司与装修公司建设工程合同纠纷二审民事判决书》，案号：（2016）京 01 民终 2354 号，载中国裁判文书网，最后访问时间：2023 年 11 月 3 日。

色中庭制作费 15.1264 万元。

第二十七条　【投标文件的编制】投标人应当按照招标文件的要求编制投标文件。投标文件应当对招标文件提出的实质性要求和条件作出响应。

招标项目属于建设施工的，投标文件的内容应当包括拟派出的项目负责人与主要技术人员的简历、业绩和拟用于完成招标项目的机械设备等。

条文解读

对招标文件提出的实质性要求和条件作出响应，是指投标文件的内容应当对招标文件规定的实质要求和条件（包括招标项目的技术要求、投标报价要求和评标标准等）——作出相对应的回答，不能存有遗漏或重大的偏离，否则将被视为否决其投标，失去中标的可能。

根据《评标委员会和评标方法暂行规定》的规定，评标委员会应当审查每一投标文件是否对招标文件提出的所有实质性要求和条件作出响应。未能在实质上响应的投标，应当予以否决。评标委员会应当根据招标文件，审查并逐项列出投标文件的全部投标偏差。投标偏差分为重大偏差和细微偏差。

下列情况属于重大偏差：（1）没有按照招标文件要求提供投标担保或者所提供的投标担保有瑕疵；（2）投标文件没有投标人授权代表签字和加盖公章；（3）投标文件载明的招标项目完成期限超过招标文件规定的期限；（4）明显不符合技术规格、技术标准的要求；（5）投标文件载明的货物包装方式、检验标准和方法等不符合招标文件的要求；（6）投标文件附有招标人不能接受的条件；（7）不符合招标文件中规定的其他实质性要求。投标文件有上述情形之一的，为未能对招标文件作出实质性响应，并作废标处理。招标文件对重大偏差另有规定的，从其规定。

细微偏差是指投标文件在实质上响应招标文件要求，但在个别地方存在漏项或者提供了不完整的技术信息和数据等情况，并且补正这些遗漏或者不完整不会对其他投标人造成不公平的结果。细微偏差不影响投标文件的有效性。评标委员会应当书面要求存在细微偏差的投标人在评标结束前予以补正。拒不补正的，在详细评审时可以对细微偏差作不利于该投标人的量化，量化标准应当在招标文件中规定。

案例指引

07. 评审时是否应严格区分重大偏差和细微偏差？[①]

2015 年 3 月，某县公共资源交易中心（以下简称交易中心）受县中医院的委托，公开招标采购彩色多普勒超声诊断仪，招标文件第二篇"设备技术要求"有八项内容，其中第八项是"产科自动测量功能"（可对胎儿的头围、股骨长、肱骨长等自动测量）；第四篇为"评标方法"，要求："投标文件对招标文件第二篇规定的内容全部作出响应；就质量技术参数，要满足招标文件的技术参数和功能要求。"

2015 年 4 月 3 日，交易中心公示医疗器械公司为成交供应商，科技公司就此提出质疑，要求取消医疗器械公司的中标候选人资格。县中医院、交易中心组织评标委员会复核，发现医疗器械公司对前七项技术要求进行无差异的响应，但未对第八项"产科自动测量功能"要求作出应答，评审委员会认为该项属细微偏差，故作出不予支持科技公司诉求的质疑答复。

科技公司不服质疑答复，向县财政局投诉。县财政局认为医疗器械公司的投标文件未按招标文件的要求和条件对"产科自动测量功能"这一项作出实质性响应，故作出"采购活动违法，责令县中医院重新采购"的投诉处理决定。医疗器械公司不服，提起行政诉讼。

---

① 参见《医疗器械公司与重庆市财政局、奉节县财政局其他二审行政判决书》，案号：（2016）渝 02 行终 481 号，载中国裁判文书网，最后访问时间：2023 年 11 月 3 日。

法院认为，本案中，招标文件"设备技术要求"部分的八项内容在排列上是以断行方式列举，应属并列关系，且对第八项内容单独列明，更能体现出采购人对该项技术要求的特定需求。采购人对产品技术方面的要求，直接涉及其核心权益，关乎能否实现其采购目的，故对招标文件的这八项技术性要求，投标人必须作出实质性响应。但医疗器械公司的投标文件仅就前七项作了无差异的响应，对第八项"产科自动测量功能"未作出响应，故其投标在符合性检查时应按无效投标处理。医疗器械公司认为其未对该项要求作出响应属于细微偏差的理由不能成立。医疗器械公司并未对该项技术要求作出响应，根本不符合招标文件的要求，更谈不上细微偏差问题。

综上，法院认定县财政局作出的《政府采购投诉处理决定书》和市财政局作出的《行政复议决定书》认定事实清楚、适用法律正确，判决驳回医疗器械公司的诉讼请求。

关联参见

《评标委员会和评标方法暂行规定》第 23—26 条

第二十八条 【投标文件的送达】 投标人应当在招标文件要求提交投标文件的截止时间前，将投标文件送达投标地点。招标人收到投标文件后，应当签收保存，不得开启。投标人少于三个的，招标人应当依照本法重新招标。

在招标文件要求提交投标文件的截止时间后送达的投标文件，招标人应当拒收。

条文解读

按照本条第 1 款的规定，投标截止期满后，投标人少于 3 个的，招标人应当依照《招标投标法》重新招标。这里需要说明的是，本条所讲"投标人少于三个"，是指 2 个、1 个或者没有的情况，不包括 3 个本数。投标人少于 3 个的，不能保证必要的竞争程度，原则上应当重新招标。如果确因招标项目的特殊情况，即使重新进行招标，也无法保证有 3 个以上的承包商、供应商参加投标的，可按国家有关规定采取其他采购方式。

实务应用

12. 两次招标投标人均少于 *3* 个，能否不再招标？

依法必须进行招标的某工程建设项目施工招标中，招标人两次在网站发布招标公告，报名人数都不足 3 人。项目单位以两次招标都失败为由，自行决定不招标。有人遂向行业监督部门投诉。

根据《工程建设项目施工招标投标办法》第 38 条第 3 款规定，依法必须进行施工招标的项目提交投标文件的投标人少于 3 个的，招标人在分析招标失败的原因并采取相应措施后，应当依法重新招标。重新招标后投标人仍少于 3 个的，属于必须审批、核准的工程建设项目，报经原审批、核准部门审批、核准后可以不再进行招标；其他工程建设项目，招标人可自行决定不再进行招标。

可见，两次招标失败后，属于必须审批、核准的工程建设项目，经审批、核准后可不再进行招标，但招标人不能自行决定。招标人未经审核、批准就自行决定不再进行招标，是不符合规定的。

关联参见

《工程建设项目施工招标投标办法》第 38 条

第二十九条 【投标文件的补充、修改、撤回】投标人在招标文件要求提交投标文件的截止时间前，可以补充、修改或者撤回已提交的投标文件，并书面通知招标人。补充、修改的内容为投标文件的组成部分。

补充是指对投标文件中遗漏和不足的部分进行增补。修改是指对投标文件中已有的内容进行修订。撤回是指收回全部投标文件，或者放弃投标，或者以新的投标文件重新投标。

《招标投标法实施条例》第35条规定，投标人撤回已提交的投标文件，应当在投标截止时间前书面通知招标人。招标人已收取投标保证金的，应当自收到投标人书面撤回通知之日起5日内退还。投标截止后投标人撤销投标文件的，招标人可以不退还投标保证金。

对于"在招标文件要求提交投标文件的截止时间前"的理解，根据本条规定，投标人补充、修改或者撤回投标文件必须在招标文件要求提交投标文件的截止时间前。这一规定与《民法典》规定的"撤回意思表示的通知应当在意思表示到达相对人前或者与意思表示同时到达相对人"有所不同，根据本条规定，投标人只要是"在招标文件要求提交投标文件的截止时间前"提交撤回投标文件就属于合法有效，也就是说，投标人撤回投标文件，不完全受《民法典》上述规定的限制。这是因为投标人的投标虽然可能在规定的时间前送达招标人，但按照《招标投标法》的规定，在规定的开标时间（应与截标时间相一致）前，招标人不得开启，招标人尚不知道投标文件的内容，不会受到投标文件内容的影响，此时允许投标人补充、修改或者撤回投标文件，对招标人和其他投标人并无不利影响，反而体现了对投标人意志的尊重。

实行电子招标投标的，根据《电子招标投标办法》第27条规定，投标人应当在投标截止时间前完成投标文件的传输递交，并可以补充、修改或者撤回投标文件。投标截止时间前未完成投标文件传输的，视为撤回投标文件。投标截止时间后送达的投标文件，电子招标投标交易平台应当拒收。电子招标投标交易平台收到投标人送达的投标文件，应当即时向投标人发出确认回执通知，并妥善保存投标文件。在投标截止时间前，除投标人补充、修改或者撤回投标文件外，任何单位和个人不得解密、提取投标文件。

实务应用

13. 投标人补充、修改和撤回投标文件，有哪些常见问题？①

投标人补充、修改和撤回投标文件，主要存在投标人因不正确补充、修改或撤回投标文件而失去中标机会或者被没收投标保证金的风险。一是没有在投标截止时间之前补充、修改或撤回投标文件；二是补充、修改后的文件形式上不符合要求，如没有按照招标文件要求与原投标文件一样签字、盖章或密封。上述两种情形都可能被按照无效投标文件，或者投标文件未补充、未修改处理；撤销投标的，招标人有权不退还其投标保证金。

关联参见

《招标投标法实施条例》第 35 条；《电子招标投标办法》第 27 条

第三十条　**【投标文件对拟分包情况的说明】**投标人根据招标文件载明的项目实际情况，拟在中标后将中标项目的部分非主体、非关键性工作进行分包的，应当在投标文件中载明。

条文解读

分包 ➡ 分包是指投标人拟在中标后将自己中标项目的一部分工作交由他人完成的行为。投标人进行分包的，除遵守本条规定外，还应遵守其他法律有关分包的规定，如《建筑法》第 29 条规定，建筑工程总承包单位可以将承包工程中的部分工程发包给具有相应资质条件的分包单位；但是，除总承包合同中约定的分包外，必须经建设单位认可。施

---

① 参见白如银：《招标投标法律解读与风险防范实务》，中国法制出版社 2022 年版，第 271—272 页。

工总承包的，建筑工程主体结构的施工必须由总承包单位自行完成。建筑工程总承包单位按照总承包合同的约定对建设单位负责；分包单位按照分包合同的约定对总承包单位负责。总承包单位和分包单位就分包工程对建设单位承担连带责任。禁止总承包单位将工程分包给不具备相应资质条件的单位。禁止分包单位将其承包的工程再分包。

允许分包的情形 中标人只能在以下两种情况下分包：（1）中标人可以在投标文件中载明分包情况，并在中标后根据合同约定进行分包。（2）中标人可以在授予合同后根据招标人同意而分包，这主要是为了适应投标人没有在投标文件中说明分包情况，但基于招标项目的性质，在合同授予后又需要进行分包的情形。分包属于招标人的自主行为，招标人不得强制分包或者指定分包人。

实务应用

14. 招标人为中标人候选人指定分包单位，否则将标授给他人，是否符合法律规定？

招标人要求中标人候选人与特定企业联合承包工程，将部分工程分给该特定企业承包，否则将标授给他人，这一行为性质构成非法要求中标人分包工程。

违法分包行为表现在三个方面：（1）招标人非法为中标人指定分包人。《工程建设项目施工招标投标办法》第 66 条规定："招标人不得直接指定分包人。"（2）指定的分包人不符合招标文件对工程施工资格的要求。接受分包的人必须具有完成分包任务的相应资格条件。（3）分包的工程不是非主体、非关键性工程，违反了《招标投标法》关于分包工程只能是"中标项目的部分非主体、非关键性工作"的限制性规定。违法分包行为使不具有相应资质的企业承揽工程，留下质量隐患，并扰乱施工市场竞争秩序，故为法律所禁止。根据《民法典》和《最高人民法院关于审理建设工程施工合同纠纷案件适用法律问题的解释（一）》等规定，违法分包的，分包合同无效。因此，对于招标人非法为中标人指定分包人的行为，应根据《招标投标法》第 58 条的规定认定分包合同无效，并依法追究有关人员的法律责任。另外，《民法典》第 793 条第 1 款也规定："建设工程施工合同无效，但是建设工程经验收合格的，可以参照合同关于工程价款的约定折价补偿承包人。"

关联参见

《建筑法》第 28 条、第 29 条

第三十一条　【联合体投标】 两个以上法人或者其他组织可以组成一个联合体，以一个投标人的身份共同投标。

联合体各方均应当具备承担招标项目的相应能力；国家有关规定或者招标文件对投标人资格条件有规定的，联合体各方均应当具备规定的相应资格条件。由同一专业的单位组成的联合体，按照资质等级较低的单位确定资质等级。

联合体各方应当签订共同投标协议，明确约定各方拟承担的工作和责任，并将共同投标协议连同投标文件一并提交招标人。联合体中标的，联合体各方应当共同与招标人签订合同，就中标项目向招标人承担连带责任。

招标人不得强制投标人组成联合体共同投标，不得限制投标人之间的竞争。

条文解读

联合体的基本特点 ➡ 联合体的基本特点是，由多个法人或其他组织组成、内部按照联合体协议约定履行职责、对外承担连带责任。从本质上来讲，联合体符合"合伙"的法律特征。

合伙也可以分为组织型合伙和合同型合伙。组织型合伙是需要办理工商登记注册手续，并形成一个组织体的合伙，为持续型合伙，具有一定的稳定性、独立性、团体性和组织性，为独立的民事主体，如合伙企业。合同型合伙是根据合伙合同创立，并不进行工商登记注册，没有形成一个组织体的合伙，大多是偶然性、临时性的，不能成为独立的民事主体，在性质上是一种合同关系。因此，联合体应为合同型合伙，因为相关法人或其他组织临时组成联合体，在发出中标通知书或者完成中标项目后该联合体即解散，不办理工商登记注册手续，相互之间的权利义务依据共同投标协议（合伙合同）确定，该合伙的运转依靠共同投标协议维系。

联合体的组成形式 ➡ 在联合体的组成形式上，可以是两个以上法人组成的联合体、两个以上其他组织组成的联合体，或者是法人与其他组织组成的联合体，但没有明确自然人之间或者自然人与法人或其他组织能否组成联合体。从合伙的角度来考量，既然合伙有自然人合伙，自然人组成联合体或者与法人、其他组织组成联合体也应当是允许的。

《招标投标法》主要限定投标人只能是法人或其他组织（依法招标的科技项目可以是自然人），那么联合体组成成员也只能是法人或其他组织。《政府采购法》第 24 条规定政府采购货物和服务项目招标组成联合体的成员可以是自然人、法人或者其他组织。

联合体成员之间的法律关系 ➡ 合伙合同是调整合伙关系、规范合伙人相互间的权利义务、处理合伙纠纷的基本法律依据，也是合伙得以成立的法律基础，此即合伙的契约性特性。联合体共同投标协议就是合伙合同，仅具有对内的效力，即只约束联合体组成成员，对内按照共同投标协议确定各成员之间的权利义务关系以及责任分担。

联合体对外（如对招标人）属于无限连带责任关系。联合体行为的法律后果，由联合体全体成员共同承担，权利人可以要求联合体成员中的一人、多人或全部承担法律责任，其中一人或多人承担责任后，可以向其他成员追偿。

联合体牵头人的责任 ➡ 根据合伙的法律规定，合伙事务可以由合伙人全体成员共同执行，也可以委托其中一人或数人执行，其执行合伙事务的行为，对合伙全体成员具有约束力。从这一点来看，在联合体投标时，可以全体成员共同执行全部招标投标事务，也可以指定其中一人或数人代表联合体处理招标投标事务，如参加资格预审、踏勘现场、提交投标文件、交纳投标保证金、参加开标、提出异议、签署合同等。招标人为了减少联络、协调等程序上的烦琐手续，提高效率，一般要求联合体指定牵头人代表所有成员办理投标事宜。牵头人必须持有联合体成员各方签署的授权委托书，这属于民事代理行为。牵头人在授权委托权限内处理招标投标事宜，其法律后果为联合体成员共同承担。

招标人强制要求投标人组成联合体共同投标的，或者限制投标人之间竞争的，责令改正，可以处 1 万元以上 5 万元以下的罚款。

关联参见

《招标投标法实施条例》第 37 条

第三十二条　【串通投标的禁止】投标人不得相互串通投标报价，不得排挤其他投标人的公平竞争，损害招标人或者其他投标人的合法权益。

投标人不得与招标人串通投标，损害国家利益、社会公共利益或者他人的合法权益。

禁止投标人以向招标人或者评标委员会成员行贿的手段谋取中标。

条文解读

串通招标投标 ➡ 串通招标投标，是指招标人与投标人之间或者投标人与投标人之间采用不正当手段，对招标投标事项进行串通，以排挤竞争对手或者损害招标人利益的行为。

本条还禁止投标人贿赂投标，投标人不得为了获取中标，而向招标人或者评标委员会成员行贿。

投标人如实施本条规定禁止的行为获取中标的，则中标无效，处中标项目金额5‰以上10‰以下的罚款，对单位直接负责的主管人员和其他直接责任人员处单位罚款数额5%以上10%以下的罚款；有违法所得的，并处没收违法所得；情节严重的，取消其1年至2年内参加依法必须进行招标的项目的投标资格并予以公告，直至由有关机关吊销营业执照。构成犯罪的，依法追究刑事责任。给他人造成损失的，依法承担赔偿责任。

《最高人民检察院、公安部关于公安机关管辖的刑事案件立案追诉标准的规定（二）》第68条规定，投标人相互串通投标报价，或者投标人与招标人串通投标，涉嫌下列情形之一的，应予立案追诉：（1）损害招标人、投标人或者国家、集体、公民的合法利益，造成直接经济损失数额在50万元以上的；（2）违法所得数额在20万元以上的；（3）中标项目金额在400万元以上的；（4）采取威胁、欺骗或者贿赂等非法手段的；（5）虽未达到上述数额标准，但2年内因串通投标受过2次以上行政处罚，又串通投标的；（6）其他情节严重的情形。

实务应用

15. 哪些情形属于投标人相互串通投标？

有下列情形之一的，属于投标人相互串通投标：（1）投标人之间协商投标报价等投标文件的实质性内容；（2）投标人之间约定中标人；（3）投标人之间约定部分投标人放弃投标或者中标；（4）属于同一集团、协会、商会等组织成员的投标人按照该组织要求协同投标；（5）投标人之间为谋取中标或者排斥特定投标人而采取的其他联合行动。

16. 哪些情形视为投标人相互串通投标？

有下列情形之一的，视为投标人相互串通投标：（1）不同投标人的投标文件由同一单位或者个人编制；（2）不同投标人委托同一单位或者个人办理投标事宜；（3）不同投标人的投标文件载明的项目管理成员为同一人；（4）不同投标人的投标文件异常一致或者投标报价呈规律性差异；（5）不同投标人的投标文件相互混装；（6）不同投标人的投标保证金从同一单位或者个人的账户转出。

17. 哪些情形属于招标人与投标人串通投标？

有下列情形之一的，属于招标人与投标人串通投标：（1）招标人在开标前开启投标文件并将有关信息泄露给其他投标人；（2）招标人直接或者间接向投标人泄露标底、评标委员会成员等信息；（3）招标人明示或者暗示投标人压低或者抬高投标报价；（4）招标人授意投标人撤换、修改投标文件；（5）招标人明示或者暗示投标人为特定投标人中标提供方便；（6）招标人与投标人为谋求特定投标人中标而采取的其他串通行为。

案例指引

08. 被胁迫参与串通投标的，应当如何处理？①

自 2013 年以来，山东省新泰市 J 工程有限公司（以下简称 J 公司）等 6 家建筑企业，迫于张某黑社会性质组织的影响力，被要挟参与该涉黑组织骨干成员李某某（新城建筑工程公司经理，犯串通投标罪被判处有期徒刑 1 年零 6 个月）组织的串通投标。李某某暗箱操作统一制作标书、统一控制报价，导致新泰市涉及管道节能改造、道路维修、楼房建设等全市 13 个建设工程项目被新城建筑工程公司中标。由张某黑社会性质组织案带出的 5 起串通投标案件，涉及该市 1 家民营企业、2 家国有企业、3 家集体企业，均为当地建筑业龙头企业，牵扯面大、社会关注度高。

2020 年 3 月、4 月，公安机关将上述 5 起串通投标案件移送新泰市

---

① 参见《最高检发布企业合规改革试点典型案例》（2021 年 6 月 3 日发布），案例四：新泰市 J 公司等建筑企业串通投标系列案件，载最高人民检察院网 https：//www. spp. gov. cn/spp/xwfbh/wsfbh/202106/t20210603_ 520232. shtml，最后访问时间：2023 年 2 月 27 日。

检察院审查起诉。检察机关受理案件后，通过自行补充侦查进一步查清案件事实，同时深入企业开展调查，于 2020 年 5 月召开公开听证会，对 J 公司等 6 家企业作出不起诉决定。

检察机关通过自行补充侦查，查清 J 公司等 6 家企业被胁迫陪标的案件事实。6 家企业案发时均受到涉黑组织骨干成员李某某的要挟，处于张某黑社会性质组织控制范围内，被迫出借建筑资质参与陪标，且没有获得任何非法利益。同时，检察机关到 6 家企业实地走访调查，掌握企业复工复产情况及存在的困难问题；多次到住建部门座谈，了解到 6 家企业常年承接全市重点工程项目，年创税均达 1000 万元以上，其中 1 家企业年创税 1 亿余元，在繁荣地方经济、城乡建设、劳动力就业等方面作出了突出贡献。如作出起诉决定，6 家企业 3 年内无法参加任何招投标工程，并被列入银行贷款黑名单，对企业发展、劳动力就业和全市经济社会稳定造成一定的影响。

2020 年 5 月，泰安市两级检察机关邀请人民监督员等各界代表召开公开听证会，参会人员一致同意对 J 公司等 6 家企业及其负责人作不起诉处理。检察机关当场公开宣告不起诉决定，并依法向住建部门提出对 6 家企业给予行政处罚的检察意见，同时建议对近年来建筑行业的招投标情况进行全面细致的摸排自查，净化建筑业招投标环境。听证会结束后，检察机关组织当地 10 家建筑企业、连同 6 家涉案企业负责人召开专题座谈会，宣讲企业合规知识，用身边案例警醒企业依法规范经营，从而实现了"办理一案、教育一片、治理社会面"的目的。

检察机关还向 6 家涉案企业发出检察建议，要求企业围绕所涉罪名及相关领域开展合规建设，并对合规建设情况进行跟踪监督，最后举办检察建议落实情况公开回复会，对合规建设情况进行验收，从源头上避免再发生类似违法犯罪问题。在合规建设过程中，6 家涉案企业缴纳 171 万余元行政罚款，并对公司监事会作出人事调整，完善公司重大法务风险防控机制。此后 6 家企业积极扩大就业规模，安置就业人数 2000 余人，先后中标 20 余项重大民生工程，中标工程总造价 20 余亿元。

本案中，检察机关充分履行自行补充侦查职权，全面查清案件事实，开展社会调查，为适用企业合规提供充分依据。同时，检察机关推动企业合规与不起诉决定、检察听证、检察意见、检察建议等相关工作紧密结合，既推动对企业违法犯罪行为依法处罚、教育、矫治，使企业能够改过自新、合规守法经营，又能减少和预防企业再犯罪，使企业更主动地承担社会责任，同时推动当地建筑行业深层次问题的解决，为企业合规建设提供了生动的检察实践。

关联参见

《刑法》第 223 条、第 231 条；《招标投标法实施条例》第 39—41 条

第三十三条 【低于成本的报价竞标与骗取中标的禁止】投标人不得以低于成本的报价竞标，也不得以他人名义投标或者以其他方式弄虚作假，骗取中标。

条文解读

以低于成本的报价竞标 ➡ 本条规定的禁止低于成本的报价是指低于投标人自身的个别成本，而非低于行业平均成本。由于投标人的经营管理水平、技术条件都不相同，个别投标人的生产成本完全有可能低于行业平均成本，此时，该投标人只要不低于自身成本报价竞标，是允许的。

以他人名义投标 ➡ 以他人名义投标，在实践中多表现为一些不具备法定的或者招标文件规定的资格条件的单位或者个人，采取"挂靠"甚至直接冒名顶替的方法，以其他具备资格条件的企业、事业单位的名义进行投标竞争。

以其他方式弄虚作假 ➡ 其他弄虚作假，骗取中标的方式包括：提交虚假的营业执照、虚假的资格证明文件，如伪造资质证书、虚报资质

等级、虚报曾完成的工程业绩等弄虚作假的情况。投标活动中任何形式的弄虚作假的行为都严重违背诚实信用的基本原则，严重破坏招标投标活动的正常秩序，必须予以禁止。需要注意的是，使用通过受让或者租借等方式获取的资格、资质证书投标的，属于以他人名义投标。

《招标投标法实施条例》第 42 条第 2 款规定，投标人有下列情形之一的，属于《招标投标法》第 33 条规定的以其他方式弄虚作假的行为：（1）使用伪造、变造的许可证件；（2）提供虚假的财务状况或者业绩；（3）提供虚假的项目负责人或者主要技术人员简历、劳动关系证明；（4）提供虚假的信用状况；（5）其他弄虚作假的行为。

实务应用

18. 投标人以他人名义投标或者以其他方式弄虚作假，骗取中标的，如何处罚？

投标人以他人名义投标或者以其他方式弄虚作假，骗取中标的，中标无效，给招标人造成损失的，依法承担赔偿责任；构成犯罪的，依法追究刑事责任。如尚未构成犯罪的，处中标项目金额 5‰以上 10‰以下的罚款，对单位直接负责的主管人员和其他直接责任人员处单位罚款数额 5%以上 10%以下的罚款；有违法所得的，并处没收违法所得；情节严重的，取消其 1 年至 3 年内参加依法必须进行招标的项目的投标资格并予以公告，直至由有关机关吊销营业执照。

案例指引

09. 以他人名义投标的，中标效力为何？①

污水治理公司对某污水处理工程矩形沉淀池刮泥机及附属设备招标。装备公司参与了投标，中标后双方签订了《设备采购合同》。在履

---

① 参见《污水治理公司与装备公司买卖合同纠纷再审民事判决书》，案号：（2013）粤高法审监民提字第 175 号，载中国裁判文书网，最后访问时间：2023 年 11 月 3 日。

约中，装备公司出具《委托书》给成套公司，载明"污水治理公司污水处理工程中约定的 A、B 公司提供的矩形沉淀池刮泥机及附属设备，委托成套公司代为采购和签订合同并办理验货手续"。据此，成套公司以自己的名义分别与外企 A、B 公司签订《设备采购合同》。后因合同设备延误发生纠纷，污水治理公司遂诉至法院请求判决确认双方签订的《设备采购合同》无效。污水治理公司主张涉案工程合同虽由装备公司签订，但合同的实际履行方是成套公司。装备公司与污水治理公司往来联络的电子邮件署名是陈某，《购标书登记表》中的联系人、签收设备采购合同的人员以及参加涉案工程会议的《会议签到表》填写的到会人员均为陈某；装备公司投标文件中写明陈某是其项目经理。装备公司承认陈某是成套公司职员，但辩称成套公司具有货物进出口贸易的资格和经验，委托该公司协助采购设备符合市场规律，没有违反法律规定。

法院认为，本案中以装备公司名义购买招标文件、签收送达往来合同函件、出席会议及联系合同事宜的人员均是成套公司人员。装备公司告知污水处理公司上述人员是其项目经理，隐瞒其真实身份，明显是弄虚作假的行为。而且成套公司以自己的名义与设备供应商订立买卖合同并支付货款。本案合同价款 2200 万元，经济利益巨大。成套公司为何愿意代签合同、代付货款、代办验货，承担巨大的商业风险，而目的仅为装备公司降低商事活动的成本？装备公司的辩称无法令人信服。装备公司隐瞒事实弄虚作假的行为不仅违反合同约定，而且违反《招标投标法》第 33 条"投标人不得以低于成本的报价竞标，也不得以他人名义投标或者以其他方式弄虚作假，骗取中标"的规定。根据该法第 54 条规定，由于装备公司的行为违反法律强制性规定，双方签订的《设备采购合同》因此归于无效。污水处理公司请求判决确认《设备采购合同》无效，法院予以支持。

本案中，投标人虽然是装备公司，但是购标、投标、签约、履约实际由成套公司工作人员办理，购买、交付设备等买卖合同主义务均由成套公司完成，法院据此认为装备公司存在为他人代为投标和履行的弄虚作假行为。

关联参见

《招标投标法实施条例》第 42 条

第四章　开标、评标和中标

第三十四条　【开标的时间与地点】 开标应当在招标文件确定的提交投标文件截止时间的同一时间公开进行；开标地点应当为招标文件中预先确定的地点。

条文解读

开标 ➡ 开标是招标的重要程序，就是招标人在规定的时间和地点，在招标人或招标代理机构的主持下和投标人的参与下，当众公开拆封投标文件（包括投标函件），宣布投标人的名称、投标报价的过程，这也是投标人发出的密封性要约在到达招标人后被招标人开启并知悉的过程。

开标地点 ➡ 为了使所有投标人都能事先知道开标地点，并能够按时到达，开标地点应当在招标文件中事先确定，以便使每一个投标人都能事先为参加开标活动做好充分的准备，如根据情况选择适当的交通工具，并提前做好机票、车票的预订工作等。招标人如果确有特殊原因，需要变动开标地点，则应当按照《招标投标法》第 23 条的规定对招标文件作出修改，作为招标文件的补充文件，书面通知每一个提交投标文件的投标人。

另外，投标人少于 3 个的，不得开标；招标人应当重新招标。投标人对开标有异议的，应当在开标现场提出，招标人应当当场作出答复，并制作记录。

《招标投标法实施条例》第 44 条

第三十五条 【开标参加人】开标由招标人主持，邀请所有投标人参加。

条文解读

开标会议通常由招标人主持召开，会议应邀请所有投标人或其委托代理人（通常须是授权代表）参加。为保证开标结果的公正、合法，重大招标项目的开标仪式还可以邀请公证机关参加，对开标活动的合法性予以公证。

招标人（包括招标代理机构）应邀请所有投标人参加开标仪式，也应允许所有投标人参与开标仪式，不得拒绝，以监督开标仪式是否按法定程序进行。为了保证开标的公开性和公正性，还可以委托公证机构监标或建立监标专家库从中随机抽取监标人，邀请政府管理部门代表或新闻媒体代表等其他人员参与开标仪式，增强开标程序的公开透明度，当然同时也会增加额外的费用。

实务应用

19. 投标人不参加开标仪式，是否影响其投标？

法律关于参加开标仪式的规定，只是为了保证所有投标人参与开标仪式的权利，如果投标人不参加开标仪式，并不影响其投标。因为《招标投标法》第 35 条的规定只是要求招标人须邀请所有投标人参加开标会，招标人有邀请所有投标人参加开标会的义务，《工程建设项目货物招标投标办法》第 40 条第 2 款也规定："投标人或其授权代表有权出席开标会，也可以自主决定不参加开标会。"可见，只要投标人在投标截止前按招标文件的规定提交了投标保证金和投标文件，而无论是否参加或派谁参加（是否有授权书）开标会，其投标都是有效的，也就是说投标人有放弃参加开标会的权利。投标人出席情况应当记载于开标记录中。因此，个别招标文件关于"投标人代表必须参加开标仪式（或另加'须持有效投标授权到场'之条件），否则其投标无效"的规定是无效的。

第三十六条　【开标方式】开标时，由投标人或者其推选的代表检查投标文件的密封情况，也可以由招标人委托的公证机构检查并公证；经确认无误后，由工作人员当众拆封，宣读投标人名称、投标价格和投标文件的其他主要内容。

招标人在招标文件要求提交投标文件的截止时间前收到的所有投标文件，开标时都应当当众予以拆封、宣读。

开标过程应当记录，并存档备查。

条文解读

开标程序 ➡ 开标必须遵循法定的程序。

第一，开标仪式由招标人或委托招标代理机构主持，首先宣布开标纪律，公布在投标截止时间前递交投标文件的投标人名称，宣布开标人、唱标人、记录人、监标人等有关人员姓名，做好开标前的准备工作。

第二，由投标人或者其推选代表检查投标文件密封情况，也可以由招标人委托公证机构检查并予以公证；设有标底的，公布标底。在这里应注意，投标文件的密封性只能由投标人或公证机关予以检查，有利于投标人对招标人进行监督，也有利于投标人之间的相互监督。实践中，招标人或招标代理机构自行检查的做法都是错误的。开标时，如果发现投标文件密封存在问题的，应当记录在开标记录中，留待事后核实处理。

第三，经检查确认无误后，宣布投标文件开标顺序并当众拆封在投标截止时间前收到的所有投标文件，或者按照招标文件载明的开标顺序直接拆封。

第四，拆封以后，现场的工作人员应当高声唱读投标人的名称、每一个投标的投标价格以及投标文件中的其他主要内容，并记录在案。其他主要内容是指投标报价有无折扣或者价格修改等。如果要求或者允许报替代方案的话，还应包括替代方案投标的总金额。比如建设工程项目，其他主要内容还应包括：工期、质量、投标保证金等。这样做的目的在于，使全体投标者了解各家投标者的报价和自己在其中的顺序，了解其他投标的基本情况，以充分体现公开开标的透明度。

开标顺序在招标文件中有规定的从其规定，常用的有现场抽签法、按购买招标文件或递交投标文件的正/逆顺序法或者按投标人英文名称的排序法，前者只适用于投标人较少的情况，为保持开标仪式的严肃性，宜采用后两种形式。

第五，投标人代表、招标人代表、监标人、记录人等有关人员在开标记录上签字确认，开标仪式随之结束。开标记录应完整如实记录以下内容：（1）开标时间、地点；（2）招标项目及标段/标包名称；（3）投标人名称；（4）密封检查情况；（5）投标报价；（6）标底或最高投标限价（如有）；（7）异议及答复情况；（8）开标过程需要说明的其他问题。

第三十七条　【评标的程序】评标由招标人依法组建的评标委员会负责。

依法必须进行招标的项目，其评标委员会由招标人的代表和有关技术、经济等方面的专家组成，成员人数为五人以上单数，其中技术、经济等方面的专家不得少于成员总数的三分之二。

前款专家应当从事相关领域工作满八年并具有高级职称或者具有同等专业水平，由招标人从国务院有关部门或者省、自治区、直辖市人民政府有关部门提供的专家名册或者招标代理机构的专家库内的相关专业的专家名单中确定；一般招标项目可以采取随机抽取方式，特殊招标项目可以由招标人直接确定。

与投标人有利害关系的人不得进入相关项目的评标委员会；已经进入的应当更换。

评标委员会成员的名单在中标结果确定前应当保密。

评标 ➜ 评标就是招标人根据招标文件的要求，对投标人所报送的投标资料进行审查、比较和评价，对项目报价、质量、工期、技术规格等条件进行评比和分析，以便从中选出最满意的中标人的过程，这是对众多要约进行论证分析，遴选出最符合招标项目实际需求的意思表示人（要约人）的过程，是作出承诺的必经、前置程序。评标阶段的主要工作有：审查投标文件的响应程度、组织专家对投标文件进行比较和评审、要求投标人澄清、评审打分、提交评标报告以及公示中标候选人等。评标由招标人依法组建的评标委员会负责，在严格保密的情况下进行，主要是从技术、商务和报价的角度对每份投标文件进行分析比较，根据招标文件的要求择优作出决策。评标必须按照已制定且公开的评标标准和方法进行。

评标委员会 ➜ 评标委员会是由招标人依法组建的，负责按照招标文件规定的评标标准和方法对投标文件进行评审和比较，向招标人推荐中标候选人或者根据招标人的授权直接确定中标人的工作组。

评标委员会主导评标过程，依照法律规定组建，对招标人负责，享有独立评审地位，其行为也受法律的规制。评标程序也有法律的明确规范，其目的在于使所有接收的投标文件都得到公正对待、客观评审，确保将最符合招标人意愿、符合招标项目需求的投标遴选出来，为招标人从中择优选择中标人提供专家意见和建议方案。

根据现行法律规定，有关技术、经济等方面的专家应严格按如下规定程序产生：（1）随机抽取。《招标投标法实施条例》第46条第1款规定："除招标投标法第三十七条第三款规定的特殊招标项目外，依法必须进行招标的项目，其评标委员会的专家成员应当从评标专家库内相关专业的专家名单中以随机抽取方式确定。任何单位和个人不得以明示、暗示等任何方式指定或者变相指定参加评标委员会的专家成员。"对于一般性项目的评标，其评标专家可以采取随机抽取方式确定。(2) 直接指定。根据《招标投标法》第 37 条和《招标投标法实施条例》第 47 条的规定，对依法必须招标的特殊招标项目，采取随机抽取方式确定的专家难以胜任的，可以由招标人直接确定评标专家。在实践中，要防止招标人利用该方法规避随机抽取评标专家的规定，否则行政监督部门对于招标人应当采取随机抽取方式却采用直接确定方式，使评标委员会的组建及人员组成不符合法定要求的行为，有权按照有关规定处理，认定评标无效，责令依法重新评标或者重新招标。

特殊招标项目 ➡ 本条第 3 款所称特殊招标项目，是指技术复杂、专业性强或者国家有特殊要求，采取随机抽取方式确定的专家难以保证胜任评标工作的项目。

实务应用

20. **不得担任评标委员会成员的情形包括哪些?**

有下列情形之一的，不得担任评标委员会成员：(1) 投标人或者投标人主要负责人的近亲属；(2) 项目主管部门或者行政监督部门的人员；（3）与投标人有经济利益关系，可能影响对投标公正评审的；(4) 曾因在招标、评标以及其他与招标投标有关活动中从事违法行为而受过行政处罚或刑事处罚的。评标委员会成员有前述情形之一的，应当主动提出回避。

10. 组建的评标委员会不合法，会产生何种后果？①

区教育局委托工程咨询公司就区学生校服生产企业入围资格采购项目进行公开招标。开标前，工程咨询公司在随机抽取评标专家时，由其工作人员陈某一个人自行抽取。2014年10月15日，工程咨询公司在中国政府采购网发布了中标公告，公布入围供应商为体育用品公司和另一家公司。

后，参与本次投标的实业公司向区教育局提出"评标委员会组成不合法，要求重新评标定标"的投诉。区政府调查后作出《调查报告》，指出工程咨询公司在抽取评标委员会成员时既没有通知有关行政监督部门到场监督，也未能提供随机抽取确定评标委员会专家的文字记录和视频资料证明其确定评标委员会成员的方式是合法的，违反了《招标投标法实施条例》第70条的规定，建议将评审结论作无效处理，然后重新启动招标程序。

2015年1月15日，区教育局向工程咨询公司发出重新进行招标的书面通知。2015年1月20日，工程咨询公司根据区教育局的上述"通知"向参与投标该项目的投标单位发出《重新进行招标的通知》，通知原评标委员会作出的评审结论无效，现决定重新进行招标。体育用品公司未参与第二次投标。同年5月29日，工程咨询公司及区教育局共同向入围供应商发出《中标通知书》。

体育用品公司认为区教育局单方确认其取得的《中标通知书》失效，改变了中标结果，遂起诉请求法院确认该公司已取得的《中标通知书》合法有效，责令区教育局与其订立校服供货合同。

法院认为，区教育局公开招标的"区学生校服生产企业入围资格采

---

① 参见《体育用品公司与区教育局合同纠纷二审民事判决书》，案号：（2016）桂12民终580号，载中国裁判文书网，最后访问时间：2023年11月3日。

购项目"应为一般招标项目。工程咨询公司作为采购代理机构,其所组建的评标委员会并未依法进行,表现在其工作人员一人自行抽取并确定评审专家,并未邀请监督员在场参与随机抽取评审专家的过程,同时其也无法提供现场随机抽取评审专家的视频资料及其他书面资料记载,其行为违反了《政府采购法实施条例》第 39 条、《政府采购货物和服务招标投标管理办法》第 48 条中关于应当随机抽取专家的规定。根据《招标投标法实施条例》第 81 条、《政府采购法实施条例》第 71 条之规定,因本案工程咨询公司在开标前抽取评审专家的程序违反了《招标投标法》的规定,故区教育局宣布第一次中标无效,并进行重新招标符合法律规定。因中标无效,向体育用品公司发出的《中标通知书》亦应当无效,则体育用品公司诉请区教育局在 30 日内与其签订合同也无事实和法律依据。

综上,法院判决驳回体育用品公司的诉讼请求。

关联参见

《招标投标法实施条例》第 46 条、第 47 条、第 81 条;《评标委员会和评标方法暂行规定》第 7—12 条

第三十八条 【评标的保密】招标人应当采取必要的措施,保证评标在严格保密的情况下进行。

任何单位和个人不得非法干预、影响评标的过程和结果。

条文解读

从实际情况看,招标应当采取必要的保密措施,通常可包括:(1)对于评标委员会成员的名单对外应当保密,以避免某些投标人在得知评标委员会成员的名单以后,采取不正当手段对评标委员会的成员施加影响,造成评标结果的不公正。(2)在可能和必要的情况下,为评标委员会进行评标工作提供比较安静、不易受外界干扰的评标地点,并对该评

标地点保密。目的也在于不给某些企图以不正当手段影响评标结果的投标人以可乘之机，为评标委员会成员公正、客观和高效地进行评标工作创造较好的客观条件。

第三十九条 【投标人对投标文件的澄清或说明】评标委员会可以要求投标人对投标文件中含义不明确的内容作必要的澄清或者说明，但是澄清或者说明不得超出投标文件的范围或者改变投标文件的实质性内容。

条文解读

投标文件中有含义不明确的内容、明显文字或者计算错误，评标委员会认为需要投标人作出必要澄清、说明的，应当书面通知该投标人。投标人的澄清、说明应当采用书面形式，并不得超出投标文件的范围或者改变投标文件的实质性内容。评标委员会不得暗示或者诱导投标人作出澄清、说明，不得接受投标人主动提出的澄清、说明。

澄清内容只能在法定范围内进行，"不得超出投标文件的范围或者改变投标文件的实质性内容"是投标人作出澄清时首先必须坚持的原则。"实质性内容"，包括投标文件中记载的投标报价、主要技术参数、交货或竣工日期等主要内容。也就是说，澄清只限于对投标文件中含义不明确、同类问题表述不一致或者有明显文字和计算错误的内容三类情形，而不能超出投标文件的范围，更不可更改投标文件中的实质性内容，不会对其他投标人造成不公平的结果，招标人也不得为自己利益考虑，要求投标人变更报价或在其他方面实行优惠。

评标委员会不得要求投标人对超出投标文件范围的内容进行澄清，其澄清内容不得涉及投标价格、投标方案等投标文件的实质性内容，不得向投标人提出带有暗示性或诱导性的质疑和问题，不得暗示或者诱导投标人作出澄清、说明，不得向投标人指明投标文件中的遗漏和错误，对投标文件中的漏项和错误不得要求澄清，不得利用澄清机会对这些实质性内容进行修改或变相修改，不得通过澄清机会改变招标文件的内容后要求投标人进行响应，不接受投标人主动提出的澄清或者超出招标人要求进行的澄清（即使条件更为优厚）。

《招标投标法实施条例》第 52 条；《评标委员会和评标方法暂行规定》第 19 条

第四十条 【评标】评标委员会应当按照招标文件确定的评标标准和方法，对投标文件进行评审和比较；设有标底的，应当参考标底。评标委员会完成评标后，应当向招标人提出书面评标报告，并推荐合格的中标候选人。

招标人根据评标委员会提出的书面评标报告和推荐的中标候选人确定中标人。招标人也可以授权评标委员会直接确定中标人。

国务院对特定招标项目的评标有特别规定的，从其规定。

条文解读

定标权原则上应由招标人行使，但评标委员会在招标人授权的情况下，也可以直接确定中标人。对于规模较小、技术要求简单的招标项目，也可以授权评标委员会直接确定中标人。评标委员会直接确定中标人，必须有招标人的授权。未经招标人授权，评标委员会无权直接确定中标人。

实务应用

21. 评标委员会应当否决投标人的投标的情形有哪些？

有下列情形之一的，评标委员会应当否决投标人的投标：（1）投标文件未经投标单位盖章和单位负责人签字；（2）投标联合体没有提交共同投标协议；（3）投标人不符合国家或者招标文件规定的资格条件；

77

（4）同一投标人提交两个以上不同的投标文件或者投标报价，但招标文件要求提交备选投标的除外；（5）投标报价低于成本或者高于招标文件设定的最高投标限价；（6）投标文件没有对招标文件的实质性要求和条件作出响应；（7）投标人有串通投标、弄虚作假、行贿等违法行为。

招标人在评标委员会依法推荐的中标候选人以外确定中标人的，该中标无效；应责令其改正，可以处中标项目金额 5‰以上 10‰以下的罚款；对单位直接负责的主管人员和其他直接责任人员依法给予处分。

22. 第一中标候选人一定是中标人吗？

不管《招标投标法》第 40 条第 2 款，还是《房屋建筑和市政基础设施工程施工招标投标管理办法》第 41 条第 1 款，以及《工程建设项目施工招标投标办法》第 57 条，都只是规定了招标人必须在评标委员会推荐的中标候选人当中确定中标人，而并没有规定招标人必须确定排名第一的中标候选人为中标人，且上述规定也并没有区分是依法必须招标的项目还是自愿招标的项目。也就是说，对于自愿招标的项目，也只能在评标委员会推荐的中标候选人当中确定中标人，但对于具体确定候选人中的哪一人为中标人，并未有明确的禁止性规定，只要自愿招标项目的招标人在中标候选人当中自行确定一名为中标人，就未违反法律、法规等的规定。

另外，《招标投标法实施条例》第 56 条规定："中标候选人的经营、财务状况发生较大变化或者存在违法行为，招标人认为可能影响其履约能力的，应当在发出中标通知书前由原评标委员会按照招标文件规定的标准和方法审查确认。"招标人一旦认为中标候选人出现该条规定的三种法定情况，即（1）经营状况发生较大变化，招标人认为可能影响其履约能力的；（2）财务状况发生较大变化，招标人认为可能影响其履约能力的；（3）存在违法行为，招标人认为可能影响其履约能力的，评标委员会就"应当在发出中标通知书前按照招标文件规定的标准和方法审查确认"。

因此，对于自愿招标的工程建设项目，排名第一的中标候选人即使没有《招标投标法实施条例》第 56 条规定的三种情形，招标人也可以不确定其为中标人。当然，对于依法必须招标的项目，《招标投标法实施条例》第 56 条的规定也具有同样的法律约束效果。

案例指引

11. 行政监督部门能否代替评标、定标？①

招标人县种植业管理局就县田间工程建设项目公开招标。经评审，公示第 1—3 名中标候选人依次为建设公司、工程公司、安装公司。后，县招标投标管理局接到对第一、第二中标候选人的投诉，经调查核实，建设公司提供不实证明材料、工程公司的投标不符合招标文件实质性要求，因此发布"中标结果公告"，载明"中标人：安装公司"。

中标结果公告后，工程公司提出异议，县招标投标管理局复函：招标文件中明确规定，注册建造师的养老保险须是投标单位为其购买的上年度末养老保险个人账户对账单或证明，工程公司投标文件载明的建造师李某 2013 年度末并不在该公司参保，而是自 2014 年 4 月开始在该公司参保，不符合招标文件前述实质性条款规定。

工程公司认为其拟派的建造师李某的养老保险符合招标文件要求，第一候选人建设公司提供不实证明材料，不符合中标条件，招标人就应当按照候选人顺序确定第二候选人工程公司为中标人，为此成讼，请求法院判决撤销县招标投标管理局作出的中标结果公告，确认工程公司为中标人。

法院认为，根据《招标投标法》第 40 条、第 45 条以及《招标投标法实施条例》第 55 条的规定，确定中标人、发出中标通知书等是招标人应尽的职责和义务。县招标投标管理局发布中标结果公告，直接确定

---

① 参见《工程公司与某县招标投标管理局行政处理一案一审行政判决书》，案号：（2015）枞行初字第 00001 号，载中国裁判文书网，最后访问时间：2023 年 11 月 3 日。

安装公司为中标人，明显与法律、法规规定不符，该处理决定属于《行政诉讼法》规定的超越职权的行政行为，依法应予撤销。工程公司起诉要求法院确认其为该工程项目中标人，也不符合相关法律规定，不予支持。

综上，法院判决撤销县招标投标管理局作出的中标结果公告中"工程公司提供的相关证明材料未响应招标文件的实质性要求"及"中标人为安装公司"的行政处理部分。

关联参见

《招标投标法实施条例》第51条；《评标委员会和评标方法暂行规定》第15—40条

第四十一条 【中标条件】 中标人的投标应当符合下列条件之一：

（一）能够最大限度地满足招标文件中规定的各项综合评价标准；

（二）能够满足招标文件的实质性要求，并且经评审的投标价格最低；但是投标价格低于成本的除外。

条文解读

经评审的最低投标价法 ➡ 经评审的最低投标价法，是指在招标文件中规定了强制标准条款，即规定了关键的商务和技术条款，如果关键条款有一项偏离将导致投标无效，关键条款均满足将确定为符合招标文件的投标，然后对非价格因素，如对一些非关键的技术、商务条款的偏离等按一定比例折算后计算所得称作评标价，从中选择符合条件且报价最低的投标单位作为中标单位。

针对经评审的最低投标价法授予合同的条件是"能够满足招标文件的实质性要求，并且经评审的投标价格最低；但是投标价格低于成本的除外"。一般情况下，对于具有通用技术、性能标准或者招标人对其技术、性能没有特殊要求的招标项目，可采用经评审的最低投标价法，在满足招标文件实质性要求的投标人中评审出投标报价最低的投标人（低于其成本价的除外）。适用此方法，招标人可获得最为经济的投标。

综合评估法 ➡ 综合评估法，是将招标项目质量、技术措施、工期、投标报价、业绩、服务承诺等各项指标量化，设定不同权重，赋予相应分值或折算价格并分别对投标人的价格、技术、商务等条款进行综合评价和打分或价格折算，按照得分或评标价高低推荐中标候选人，可以分为综合评分法和综合评价法，实践中多采用对各种评审因素打分的综合评分法。

综合评估法授予的合同条件是"能够最大限度地满足招标文件中规定的各项综合评价标准"。一般不适用"经评审的最低评标价法"的招标项目，采用此法，也就是说，当招标项目技术、性能标准复杂或有特殊要求，或项目管理水平不高，招标文件不细致时，宜采用综合评估法，经济上只是其重要条件之一，但不是首要考虑的决定性因素。

其他评标方法 ➡ 对规模较小，技术、工艺简单或其他情况的招标项目，可采用法律、行政法规允许的其他评标方法，如最低价法、性价比法等。性价比法，是指按要求对投标文件进行评审后，计算出每个有效投标人除价格外的其他各项评分因素（包括技术和实施能力、财务状况、信誉、业绩、服务、合同条件的响应程度）的汇总得分，并除以该投标人的投标报价，以商数最高的投标人中标的评标办法。

需要注意的是，中标候选人的经营、财务状况发生较大变化或者存在违法行为，招标人认为可能影响其履约能力的，应当在发出中标通知书前由原评标委员会按照招标文件规定的标准和方法审查确认。

实务应用

23. **国际招标与国内招标的中标条件有何差异？**

国际招标的中标人必须是满足适当能力和资格标准，其投标实质性响应招标文件要求，并且提供了最低评标价（对投标价格低于成本的情形并不限制）的投标人；国内招标的中标人必须能够最大限度地满足招标文件中规定的各项综合评价标准，满足招标文件实质性要求，并且经评审的投标价格最低（投标价格低于成本的除外）。

关联参见

《招标投标法实施条例》第 56 条

第四十二条 **【否决所有投标和重新招标】**评标委员会经评审，认为所有投标都不符合招标文件要求的，可以否决所有投标。

依法必须进行招标的项目的所有投标被否决的，招标人应当依照本法重新招标。

条文解读

否决所有投标 ➡ 评标委员会经过评审，认为所有投标都不符合招标文件要求，或者排除无效投标和否决投标后剩余有效投标不足 3 家且缺乏竞争的，可以否决所有投标。全部投标被否决则意味着没有符合条件的投标人，以至于招标失败。依法必须进行招标项目的所有投标被否决的，招标人应当依法重新招标；其他招标项目采购人可以重新招标，也可以自主选择其他采购方式。

评标委员会根据招标文件规定的评标标准，对所有投标进行评审和比较后，认为所有的投标都不符合招标文件要求的，可以否决所有投标。主要有以下三种情形：（1）投标人过少，缺乏有效的竞争性；（2）最低评标价大大超过标底或者合同底价；（3）所有投标文件均未从实质上响应招标文件或因其他原因未被接受。根据《评标委员会和评标方法暂行规定》第 25 条第 2 款的规定，投标文件有下列情形之一的，为未能对招标文件作出实质性响应，应当否决投标：（1）没有按照招标文件要求提供投标担保或者所提供的投标担保有瑕疵；（2）投标文件没有投标人授权代表签字和加盖公章；（3）投标文件载明的招标项目完成期限超过招标文件规定的期限；（4）明显不符合技术规格、技术标准的要求；（5）投标文件载明的货物包装方式、检验标准和方法等不符合招标文件的要求；（6）投标文件附有招标人不能接受的条件；（7）不符合招标文件中规定的其他实质性要求。招标文件中对其他实质性条件作出规定投标文件未能响应的，也应当否决投标。

依法必须进行招标的项目在所有投标被评标委员会否决后自行确定中标人的，中标无效，责令改正，可以处中标项目金额5‰以上10‰以下的罚款；对单位直接负责的主管人员和其他直接责任人员依法给予处分。

实务应用

24. 《政府采购法》中的"废标"与《招标投标法》中的"否决所有投标"有何异同？

《政府采购法》第36条规定了"废标"，是指将整个标段或者不划分标段的整个招标项目的所有投标作废不再评审，本次招标失败，其效果相当于《招标投标法》所规定的"否决所有投标"，但适用情形不同。政府采购货物和服务招标项目具有下列情形之一的，应予废标：（1）符合专业条件的供应商或者对招标文件作实质响应的供应商不足3家的；（2）出现影响采购公正的违法、违规行为的；（3）投标人的报价均超过了采购预算，采购人不能支付的；（4）因重大变故，采购任务取消的。废标后，采购人应当将废标理由通知所有投标人。废标后，采购人应当将废标理由通知所有投标人。根据《政府采购法》第37条的规定，废标后，除采购任务取消情形外，应当重新组织招标；需要采取其他方式采购的，应当在采购活动开始前获得设区的市、自治州以上人民政府采购监督管理部门或者政府有关部门批准。

《评标委员会和评标方法暂行规定》第 25 条、第 27 条

第四十三条　【禁止与投标人进行实质性谈判】在确定中标人前，招标人不得与投标人就投标价格、投标方案等实质性内容进行谈判。

条文解读

定标前禁止实质性谈判 ➡ 实践中，在定标阶段，常有招标人与投标人进行谈判的情况发生，如招标人向投标人提出带有附加条件的中标承诺，或投标人为中标而向招标人进一步提出优惠条件。

合同的标的、价款、质量、履行期限等主要条款都属于实质性条款，在中标人确定之前，招标人不得与投标人就上述内容进行谈判；即使是在定标以后，也不得变更这些内容或者提出额外的条件与中标人订立合同。当然，就履行合同中的一些非实质性内容进行协商、确定和细化是允许的。

实务应用

25. 依法必须进行招标的项目，招标人违反《招标投标法》规定，与投标人就投标价格、投标方案等实质性内容进行谈判的，如何处罚？

招标人有上述行为的，应给予警告，对单位直接负责的主管人员和其他直接责任人员依法给予处分。如果影响中标结果的，中标无效。

第四十四条　【评标委员会成员的义务】评标委员会成员应当客观、公正地履行职务，遵守职业道德，对所提出的评审意见承担个人责任。

评标委员会成员不得私下接触投标人，不得收受投标人的财物

或者其他好处。

评标委员会成员和参与评标的有关工作人员不得透露对投标文件的评审和比较、中标候选人的推荐情况以及与评标有关的其他情况。

条文解读

评标委员会成员以及与评标活动有关的工作人员均有保密义务，均不得透露对投标文件的评审和比较、中标候选人的推荐情况以及与评标有关的其他情况。参与评标的有关工作人员，是指评标委员会成员以外的因参与评标监督工作或者事务性工作而知悉有关评标情况的所有人员。

《评标专家和评标专家库管理暂行办法》也规定了评标专家的禁止性行为，如不得私下接触投标人，不得收受投标人或者其他利害关系人的财物或者其他好处，不透露对投标文件的评审和比较、中标候选人的推荐情况以及与评标有关的其他情况等。

评标委员会成员收受投标人的财物或者其他好处的，评标委员会成员或者参加评标的有关工作人员向他人透露对投标文件的评审和比较、中标候选人的推荐情况以及与评标有关的其他情况的，给予警告，没收收受的财物，可以并处 3 千元以上 5 万元以下的罚款；对有违法行为的评标委员会成员取消担任评标委员会成员的资格，不得再参加任何依法必须进行招标的项目的评标；构成犯罪的，依法追究刑事责任。

关联参见

《刑法》第 219 条、第 398 条；《招标投标法实施条例》第 48 条、第 49 条；《评标委员会和评标方法暂行规定》第 13 条、第 14 条；《评标专家和评标专家库管理暂行办法》

第四十五条　【中标通知书的发出】中标人确定后，招标人应当向中标人发出中标通知书，并同时将中标结果通知所有未中标的投标人。

中标通知书对招标人和中标人具有法律效力。中标通知书发出后，招标人改变中标结果的，或者中标人放弃中标项目的，应当依法承担法律责任。

条文解读

定标 ▶ 定标是指招标人依据评标结果最终确定中标人，或者评标委员会根据授权直接确定中标人的行为，也称"决标"。"确定中标人"不等于"确定合法的中标人"，只是说明招标人对评标委员会的建议作出了决定而已。招标投标活动的有效与否，与定标行为的合法性有关。主要步骤有：决定中标人、向中标人发出中标通知书、通知所有未中标的投标人、退还投标保证金等。

中标通知书 ▶ 中标通知书是招标人在确定中标人后向中标人发出的通知其中标的书面凭证，是对招标人和中标人都有约束力的法律文书。在招投标活动中，招标人发出的招标公告或者投标邀请书，是吸引具体投标人向自己投标的意思表示，因此其性质属于民法上的要约邀请；投标人向招标人送达的投标文件，是投标人希望与招标人就招标项目订立合同的意思表示，故其性质属于民法上的要约；招标人向中标的投标人发出的中标通知书，则表示招标人同意接受该投标人的投标条件，即同意该投标人要约的意思表示，故其性质为民法上的承诺。中标通知书一经发出，即产生承诺的效力，而无须到达中标人。中标通知书发出后，无论是招标人改变中标结果的还是中标人放弃中标项目的，都要依法承担法律责任。

26. 招标代理机构发出的中标通知书是否有效?

中标通知书的签发主体应是招标人,除非招标人有明确的授权,否则招标代理机构发出的中标通知书无效,不构成承诺,合同未成立。要厘清中标通知书是否对招标人具有约束力,首先得弄清中标通知书的"发出者"是否得到了招标人授权或者事后招标人是否追认。如果招标人已经授权招标代理机构向中标人发出中标通知书,或者是在未授权的情况下,根据《民法典》的规定对中标结果进行了事后追认,那么招标人就应该受到该中标通知书的约束。反之,如果招标代理机构发出中标通知书的行为未经授权,事后招标人也未追认,那么招标人就不受此通知书约束。

关联参见

《民法典》第 472—492 条、第 500 条;《招标投标法实施条例》第 55 条

第四十六条 【订立书面合同和提交履约保证金】招标人和中标人应当自中标通知书发出之日起三十日内,按照招标文件和中标人的投标文件订立书面合同。招标人和中标人不得再行订立背离合同实质性内容的其他协议。

招标文件要求中标人提交履约保证金的,中标人应当提交。

条文解读

《民法典》第 483 条规定,承诺生效时合同成立。然而,本条规定与《民法典》不同,本条规定招标人与中标人应当自中标通知书发出之日起 30 日内另行订立书面合同,而并非自中标通知书发出后合同即成立。招标人和中标人应当按照招标文件和中标人的投标文件订立合

同，且不得再行订立背离合同实质性内容的其他协议，如有违反的应承担相应的法律责任。

履约保证金并不是强制性的。招标人可以根据招标项目的实际需要，自主决定中标人在中标后是否提交履约保证金以及履约保证金的金额、形式（一般有现钞、银行保函、银行汇票、银行电汇、支票、专业担保公司的履约担保书等，招标人应当允许多种履约保证金形式，方便中标人选择）、交纳时间和不交纳履约保证金的法律后果。

如果招标人决定收取履约保证金的，应在招标文件中约定履约保证金条款，将交纳履约保证金作为合同订立的条件。在签订合同前，中标人应按招标文件规定的金额、担保形式向招标人提交履约保证金（可规定履约保函格式）。如果招标人允许中标人在签订合同之后一定时间内提交履约保证金的，应将提交履约保证金作为合同生效的先决条件，根据《民法典》第158条的规定，中标人提交履约保证金时合同生效。

如果中标人拒绝提交履约保证金，则视为放弃中标项目，其投标保证金将可能被扣留，还应当承担赔偿责任。在这种情况下，招标人可以取消其中标资格，并根据《招标投标法实施条例》第55条的规定，可以按照评标委员会提出的中标候选人名单排序依次确定其他中标候选人为中标人，也可以重新招标。招标人应当尽量采用这种方式维护自己的合法权益。

招标人最迟应当在书面合同签订后5日内向中标人和未中标的投标人退还投标保证金及银行同期存款利息。

招标文件要求中标人提交履约保证金的，中标人应当按照招标文件的要求提交。履约保证金不得超过中标合同金额的10%。

招标人与中标人不按照招标文件和中标人的投标文件订立合同的，责令其改正，可以处中标项目金额5‰以上10‰以下的罚款。

招标人、中标人订立背离合同实质性内容的协议的，责令其改正，可以处中标项目金额5‰以上10‰以下的罚款。

27. 联合体中标后，银行履约保函应如何支付？

按照惯例，联合体的银行履约保函应由牵头单位或任一成员单独提供 10% 的保函，而不是由联合体两家各自开具 50% 或 100% 额度的银行履约保函，所以联合体应通过联合体协议明确提交履约保函的责任方，由其提供履约保函，并代表联合体与业主联系协商有关问题，履行合同约定的责任。

案例指引

12. 合同成立是以中标通知书发出为标志，还是以签订书面合同为标志？①

在审理 A 集团资产经营管理有限公司长岭分公司、A 集团资产经营管理有限公司合资、合作开发房地产合同纠纷一案时，案件双方当事人就合同是否成立产生争议，就此问题，最高人民法院经审理认为：招投标活动是招标人与投标人为缔结合同而进行的活动。招标人发出招标通告或投标邀请书是一种要约邀请，投标人进行投标是一种要约，而招标人确定中标人的行为则是承诺。承诺生效时合同成立，因此，在招标活动中，当中标人确定，中标通知书到达中标人时，招标人与中标人之间以招标文件和中标人的投标文件为内容的合同已经成立。《招标投标法》第 46 条和涉案招标文件、投标文件要求双方按照招标文件和投标文件订立书面合同的规定和约定，是招标人和中标人继中标通知书到达中标人之后，也就是涉案合同成立之后，应再履行的法定义务和合同义务，该义务没有履行并不影响涉案合同经过招投标程序而已成立的事

---

① 参见《A 集团资产经营管理有限公司长岭分公司、A 集团资产经营管理有限公司合资、合作开发房地产合同纠纷再审审查与审判监督民事裁定书》，案号：（2019）最高法民申 2241 号，载中国裁判文书网，最后访问时间：2023 年 11 月 3 日。

实。因此，签订书面合同，只是对招标人与中标人之间业已成立的合同关系的一种书面细化和确认，其目的是履约的方便以及对招投标进行行政管理的方便，不是合同成立的实质要件。法院最终认定涉案合同成立并无不当，予以维持。

13. 中标合同约定的供货范围与投标文件不一致时，应当以谁为依据履行合同？①

某市建设局与某制造有限公司招标投标买卖合同纠纷一案中，争议双方就订立的合同与中标人的投标文件承诺的履行期限、供货范围不一致时，应当依据中标合同履行合同义务还是依据招标文件和中标人的投标文件履行合同义务产生分歧。就此问题，某市中级人民法院经审理认为，投标人根据招标文件提出的实质性要求和条件向招标人发出投标文件，招标人评标后选定投标人并发出中标通知书，该通知书自发出之时即对双方当事人发生法律效力。根据《招标投标法》的规定，招标人和投标人应当依照招、投标文件签订采购合同，而合同主要条款应当与招、投标文件一致，否则合同条款因违反法律的强制性规定而无效。本案争议的两个焦点履行期限及合同标的均为合同主要条款。双方签订的合同既约定由被上诉人提前 20 天书面通知供货，同时又约定必须在招标文件要求时间内送到被上诉人指定的地点，被上诉人不接受上诉人任何延期交货的理由，该约定相互矛盾，故双方应按照招、投标文件约定的 2011 年 6 月 16 日前交货。上诉人某制造有限公司主张已按约履行交货义务，不构成违约的上诉理由不能成立，不予支持；虽然采购合同并未约定交付两套备品备件，但上诉人在投标文件中明确表示免费提供两套备品备件，且该备品备件不计入投标总价。而招标文件、投标文件、中标通知书等均为签订合同的依据，双方不得签订背离合同实质性内容的其他协议。据此，上诉人某制造有限公司理应以投标文件的内容履行

---

① 参见《某制造有限公司与某市建设局招标投标买卖合同纠纷二审民事判决书》，案号：（2014）嘉民二终字第 4 号，载中国裁判文书网，最后访问时间：2023 年 11 月 3 日。

备品备件的供货义务，其以采购合同未载明备品备件拒绝履行供货义务的上诉理由不予支持；因被上诉人某市建设局主张的违约损失过高，原审法院根据合同履行情况酌情予以判处，符合法律规定。综上，原审认定事实清楚，适用法律正确，程序合法，判处并无不当，上诉人的上诉理由均不能成立，二审法院不予支持。

关联参见

《招标投标法实施条例》第 57 条、第 58 条

第四十七条　**【招投标情况的报告】**依法必须进行招标的项目，招标人应当自确定中标人之日起十五日内，向有关行政监督部门提交招标投标情况的书面报告。

条文解读

所谓依法必须进行招标的项目，是指依照《招标投标法》第 3 条规定属于所列项目范围达到规模标准的大型基础设施、公用事业等关系社会公共利益、公共安全的项目，全部或者部分使用国有资金投资、国家融资的项目，使用国际组织或者外国政府贷款、援助资金的项目，以及法律和国务院规定的项目等。

本条规定赋予了行政监督部门对招标人和中标人订立合同行使监督检查权，对于招标人和中标人再行订立的违背合同实质性内容的其他协议，行政监督部门有权责令改正，并给予相应的行政处罚。

第四十八条　**【禁止转包和有条件分包】**中标人应当按照合同约定履行义务，完成中标项目。中标人不得向他人转让中标项目，也不得将中标项目肢解后分别向他人转让。

中标人按照合同约定或者经招标人同意，可以将中标项目的部分非主体、非关键性工作分包给他人完成。接受分包的人应当具备

相应的资格条件，并不得再次分包。

中标人应当就分包项目向招标人负责，接受分包的人就分包项目承担连带责任。

中标人应当亲自履行中标项目，不得转让和变相转让。中标项目禁止转让，却可以分包。所谓分包是指对中标项目实行总承包的单位，将其总承包的中标项目的某一部分或者几部分，再发包给其他的承包单位，与其签订总承包合同项下的分包合同的行为。为规范分包行为，本条对其作出了一些限制性的规定：（1）分包须经招标人同意或按照合同约定；（2）只能分包中标项目的部分非主体、非关键性工作；（3）接受分包的人必须具有分包任务的相应资格条件；（4）分包只能进行一次，接受分包的人不得再次分包；（5）中标人和接受分包的人应当就分包项目对招标人承担连带责任，也就是说，如果分包项目出现问题，招标人既可以分别要求中标人或接受分包人承担全部责任，也可以要求两者共同承担责任。

中标人不履行与招标人订立的合同的，履约保证金不予退还，给招标人造成的损失超过履约保证金数额的，还应当对超过部分予以赔偿；没有提交履约保证金的，应当对招标人的损失承担赔偿责任。但是因不可抗力不能履行合同的，不承担责任。

中标人不按照与招标人订立的合同履行义务，应承担相应的违约责任。情节严重的，取消其2年至5年内参加依法必须进行招标的项目的投标资格并予以公告，直至由有关机关吊销营业执照。但是因不可抗力不能履行合同的，不承担责任。

中标人违反本条规定转让中标项目的，中标人的转让无效，处转让项目金额5‰以上10‰以下的罚款；有违法所得的，并处没收违法所得；可以责令停业整顿；情节严重的，由有关机关吊销营业执照。

中标人违反本条规定将中标项目的部分主体、关键性工作分包给他人的，或者分包人再次分包的，中标人的分包无效，处分包项目金额5‰以上10‰以下的罚款；有违法所得的，并处没收违法所得；可以责令停业整顿；情节严重的，由有关机关吊销营业执照。

关联参见

《民法典》第791条；《建筑法》第28条、第29条；《招标投标法实施条例》第59条

第五章　法律责任

第四十九条 　【必须进行招标的项目不招标的责任】违反本法规定，必须进行招标的项目而不招标的，将必须进行招标的项目化整为零或者以其他任何方式规避招标的，责令限期改正，可以处项目合同金额千分之五以上千分之十以下的罚款；对全部或者部分使用国有资金的项目，可以暂停项目执行或者暂停资金拨付；对单位直接负责的主管人员和其他直接责任人员依法给予处分。

第五十条 　【招标代理机构的责任】招标代理机构违反本法规定，泄露应当保密的与招标投标活动有关的情况和资料的，或者与招标人、投标人串通损害国家利益、社会公共利益或者他人合法权益的，处五万元以上二十五万元以下的罚款，对单位直接负责的主管人员和其他直接责任人员处单位罚款数额百分之五以上百分之十以下的罚款；有违法所得的，并处没收违法所得；情节严重的，禁止其一年至二年内代理依法必须进行招标的项目并予以公告，直至由工商行政管理机关吊销营业执照；构成犯罪的，依法追究刑事责任。给他人造成损失的，依法承担赔偿责任。

前款所列行为影响中标结果的，中标无效。

按照《招标投标法》有关条款的规定，招标代理机构不得泄露下列情况和资料：已获取招标文件的潜在投标人的名称、数量以及可能影响公平竞争的有关招标投标的其他情况；招标项目的标底；对投标文件的评审和比较、中标候选人的推荐情况以及与评标有关的其他情况等。

招标代理机构在所代理的招标项目中投标、代理投标或者向该项目投标人提供咨询的，接受委托编制标底的中介机构参加受托编制标底项目的投标或者为该项目的投标人编制投标文件、提供咨询的，依照《招标投标法》第50条的规定追究法律责任。

关联参见

《刑法》第219条、第220条、第398条；《招标投标法实施条例》第65条

第五十一条　【限制或排斥潜在投标人的责任】 招标人以不合理的条件限制或者排斥潜在投标人的，对潜在投标人实行歧视待遇的，强制要求投标人组成联合体共同投标的，或者限制投标人之间竞争的，责令改正，可以处一万元以上五万元以下的罚款。

条文解读

本条是关于对招标人违法限制或排斥投标竞争行为进行处罚的规定。其中，对潜在投标人实行歧视待遇，主要是指招标人以不公正的态度对待潜在投标人，实行区别对待，故意设置对某些潜在投标人有利而对其他潜在投标人不利的条件。实践中，除本条规定的几种情形外，招标人限制投标竞争的情形还包括：故意限制招标信息的发布范围，使潜在投标人无法知悉招标信息；不合理地提高技术规格或者将技术规格规定得只有少量投标人才能满足要求；等等。

另外，招标人有下列限制或者排斥潜在投标人行为之一的，由有关行政监督部门依照《招标投标法》第 51 条的规定处罚：（1）依法应当公开招标的项目不按照规定在指定媒介发布资格预审公告或者招标公告；（2）在不同媒介发布的同一招标项目的资格预审公告或者招标公告的内容不一致，影响潜在投标人申请资格预审或者投标。

关联参见

《招标投标法实施条例》第 63 条

第五十二条 【泄露招投标活动有关秘密的责任】依法必须进行招标的项目的招标人向他人透露已获取招标文件的潜在投标人的名称、数量或者可能影响公平竞争的有关招标投标的其他情况的，或者泄露标底的，给予警告，可以并处一万元以上十万元以下的罚款；对单位直接负责的主管人员和其他直接责任人员依法给予处分；构成犯罪的，依法追究刑事责任。

前款所列行为影响中标结果的，中标无效。

关联参见

《刑法》第 219 条、第 220 条

第五十三条 【串通投标的责任】投标人相互串通投标或者与招标人串通投标的，投标人以向招标人或者评标委员会成员行贿的手段谋取中标的，中标无效，处中标项目金额千分之五以上千分之十以下的罚款，对单位直接负责的主管人员和其他直接责任人员处单位罚款数额百分之五以上百分之十以下的罚款；有违法所得的，并处没收违法所得；情节严重的，取消其一年至二年内参加依法必须进行招标的项目的投标资格并予以公告，直至由工商行政管理机关吊销营业执照；构成犯罪的，依法追究刑事责任。给他人造成损失的，依法承担赔偿责任。

条文解读

投标人有下列行为之一的，属于《招标投标法》第53条规定的情节严重行为，由有关行政监督部门取消其1年至2年内参加依法必须进行招标的项目的投标资格：（1）以行贿谋取中标；（2）3年内2次以上串通投标；（3）串通投标行为损害招标人、其他投标人或者国家、集体、公民的合法利益，造成直接经济损失30万元以上；（4）其他串通投标情节严重的行为。

案例指引

14. 串通投标行为应当如何认定？[①]

2017年12月，某县淮河路实验学校工程建设项目对外招投标。被告人张某飞通过被告人丁某联系并借用山东某润建设集团有限公司资质参与投标，被告人惠某通过被告人李某联系并借用厦门源某建集团有限公司资质参与投标，李某作为江苏万某建设集团有限公司受托人参与投标。第一次流标后，该项目于2017年12月28日第二次对外招投标，张某飞联系并借用江苏宝某建设有限公司资质参与投标，并继续借用山东某润建设集团有限公司资质参与投标，被告人惠某继续借用厦门源某建集团有限公司资质参与投标，李某继续作为江苏万某建设集团有限公司受托人参与投标。期间，被告人李某将江苏万某建设集团有限公司的报价透露给张某飞、惠某、丁某等人，并约定中标后项目的附属工程由李某承包。后张某飞、惠某、丁某等人商定投标报价和中标公司，并由丁某制作有关标书，用非法手段使江苏宝某建设有限公司以人民币84992172.42元中标，严重扰乱某县招投标市场秩序。

---

① 参见《【典型案例发布】串通投标案》，载连云港市灌南县人民检察院网 http：//lyggn. jsjc. gov. cn/zt/dxalfb/201812/t20181221_ 708147. shtml，最后访问日期：2023年11月23日。

本案由某县公安局侦查终结，以被告人惠某、张某飞、李某、丁某涉嫌串通投标罪，于 2018 年 6 月 4 日向本院移送审查起诉。本院受理后，于 2018 年 6 月 5 日已告知被告人有权委托辩护人，依法讯问了被告人，听取了辩护人的意见，审查了全部案件材料。期间，因案件重大，延长审查起诉期限两次；因部分事实不清，退回侦查机关补充侦查一次。某县人民检察院于 2018 年 9 月 21 日向某县人民法院提起公诉。

本案对于借用他人资质投标的人员认定串通投标具有指导意义。所谓串通投标是指在招标投标过程中，违反有关程序所发生的限制竞争行为。一是投标人之间（两个主体以上）相互串通投标报价，联手抬高标价或者压低标价，以损害招标人的利益或者排挤其他投标者。但如果一个人借用、冒用多人进行投标，因为名义上的多个投标人实际上只是行为人一个人，不能认定为串通投标行为。二是投标人与招标人之间相互串通。本罪的犯罪主体不仅限于具有法定招人或者投标人身份的自然人或单位。实际上，招投标市场中大量存在的串通投标行为主体远远超过法律规定的两种，如不具备投标人资格的个人或单位盗用具备投标人资格的法人或其他组织名义参加投标并串通投标的，具体参与招标工作的自然人或单位如招标人指派的项目负责人、评标委员会成员、招标代理机构、投标人的代理人及有关的工作人员违背招标人、投标人意志串通投标的，等等。上述情况中，虽然行为人不具有法定的招标人或者投标人身份，但无可否认，其行为也同样侵害了串通投标罪保护的法益，而且侵害的程度可能大于具有法定身份的招标人或者投标人的串通行为。本案的两行为人借用他人资质串通投标，符合串通投标罪的主体。

关联参见

《刑法》第 223 条、第 231 条；《招标投标法实施条例》第 67 条

第五十四条　【骗取中标的责任】 投标人以他人名义投标或者以其他方式弄虚作假，骗取中标的，中标无效，给招标人造成损

失的，依法承担赔偿责任；构成犯罪的，依法追究刑事责任。

依法必须进行招标的项目的投标人有前款所列行为尚未构成犯罪的，处中标项目金额千分之五以上千分之十以下的罚款，对单位直接负责的主管人员和其他直接责任人员处单位罚款数额百分之五以上百分之十以下的罚款；有违法所得的，并处没收违法所得；情节严重的，取消其一年至三年内参加依法必须进行招标的项目的投标资格并予以公告，直至由工商行政管理机关吊销营业执照。

条文解读

骗取中标的情节严重行为 ➡ 投标人有下列行为之一的，属于《招标投标法》第54条规定的情节严重行为，由有关行政监督部门取消其1年至3年内参加依法必须进行招标的项目的投标资格：（1）伪造、变造资格、资质证书或者其他许可证件骗取中标；（2）3年内2次以上使用他人名义投标；（3）弄虚作假骗取中标给招标人造成直接经济损失30万元以上；（4）其他弄虚作假骗取中标情节严重的行为。

关联参见

《刑法》第224条、第231条；《招标投标法实施条例》第68条、第69条

第五十五条 【招标人违规谈判的责任】依法必须进行招标的项目，招标人违反本法规定，与投标人就投标价格、投标方案等实质性内容进行谈判的，给予警告，对单位直接负责的主管人员和其他直接责任人员依法给予处分。

前款所列行为影响中标结果的，中标无效。

第五十六条 【评标委员会成员违法行为的责任】评标委员会成员收受投标人的财物或者其他好处的，评标委员会成员或者参加评标的有关工作人员向他人透露对投标文件的评审和比较、中标候选人的推荐以及与评标有关的其他情况的，给予警告，没收收受的财物，可以并处三千元以上五万元以下的罚款，对有所列违法行为的评标委员会成员取消担任评标委员会成员的资格，不得再参加任何依法必须进行招标的项目的评标；构成犯罪的，依法追究刑事责任。

条文解读

评标委员会成员是自然人，必须对自己的违法行为承担法律责任。《招标投标法》第 44 条第 1 款规定："评标委员会成员应当客观、公正地履行职务，遵守职业道德，对所提出的评审意见承担个人责任。"评标委员会成员收受投标人的财物或者其他好处，评标委员会成员或者参加评标的有关工作人员向他人透露对投标文件的评审和比较、中标候选人的推荐以及与评标有关的其他情况的，可能构成侵犯商业秘密罪。另外，评标委员会成员资格被取消，其评审结论自然无效，应重新评审。

第五十七条 【招标人在中标候选人之外确定中标人的责任】招标人在评标委员会依法推荐的中标候选人以外确定中标人的，依法必须进行招标的项目在所有投标被评标委员会否决后自行确定中标人的，中标无效。责令改正，可以处中标项目金额千分之五以上千分之十以下的罚款；对单位直接负责的主管人员和其他直接责任人员依法给予处分。

关联参见

《招标投标法实施条例》第 71 条、第 72 条

第五十八条 **【中标人违法转包、分包的责任】** 中标人将中标项目转让给他人的，将中标项目肢解后分别转让给他人的，违反本法规定将中标项目的部分主体、关键性工作分包给他人的，或者分包人再次分包的，转让、分包无效，处转让、分包项目金额千分之五以上千分之十以下的罚款；有违法所得的，并处没收违法所得；可以责令停业整顿；情节严重的，由工商行政管理机关吊销营业执照。

条文解读

招标项目合同履行中有以下常见问题：一是中标人在获取招标项目后将其承包的全部工程项目转包给第三人，或者将其承包的全部工程项目支解以后以分包的名义分别转包给第三人，将使招标失去实质意义，而且转包行为具有很大的危害性，易形成"层层转包、层层扒皮"的现象，滋长不良风气，既催生工程项目质量、安全隐患，也增加工程管理难度。二是中标人并未事先在投标文件中载明分包情况，也未经招标人同意就擅自决定将部分招标项目进行分包、超越招标文件或招标人同意范围进行分包，甚至分包给资质不符合要求的单位或个人，或者自行将招标项目的主体、关键性工作分包给他人完成，损害招标人的利益。三是招标人自行放松法律对分包问题的限制性要求，与中标人达成默契允许中标人转包或者强行让承包人将中标项目分包给其指定的分包人，以切割中标人通过竞争所获得的利益。

对于上述转包、违法分包的行为，除本条规定外，根据《民法典》和《最高人民法院关于审理建设工程施工合同纠纷案件适用法律问题的解释（一）》等规定，转包合同和分包合同无效，招标人可以追究中标人的违约责任，请求人民法院或仲裁机构解除合同。

关联参见

《招标投标法实施条例》第 76 条

第五十九条 【不按招投标文件订立合同的责任】招标人与中标人不按照招标文件和中标人的投标文件订立合同的，或者招标人、中标人订立背离合同实质性内容的协议的，责令改正；可以处中标项目金额千分之五以上千分之十以下的罚款。

关联参见

《招标投标法实施条例》第 75 条

第六十条 【中标人不履行合同或不按合同履行义务的责任】中标人不履行与招标人订立的合同的，履约保证金不予退还，给招标人造成的损失超过履约保证金数额的，还应当对超过部分予以赔偿；没有提交履约保证金的，应当对招标人的损失承担赔偿责任。

中标人不按照与招标人订立的合同履行义务，情节严重的，取消其二年至五年内参加依法必须进行招标的项目的投标资格并予以公告，直至由工商行政管理机关吊销营业执照。

因不可抗力不能履行合同的，不适用前两款规定。

条文解读

根据《民法典》的规定，在合同履行过程中，中标人的违约行为大致可以分为以下三类：（1）不履行，中标人能够实际履行而不履行或合同履行期届满中标人未能实际履行两种情况；（2）不完全履行，包括给付有缺陷或加害履行；（3）迟延履行，即中标人不能按期完成招标项目。

中标人在上述情形下应承担以下违约责任：第一，合同具有履行可能的，应招标人要求应当继续履行。《民法典》第 580 条规定："当事人一方不履行非金钱债务或者履行非金钱债务不符合约定的，对方可以请求履行，但是有下列情形之一的除外：（一）法律上或者事实上不能履行；（二）债务的标的不适于强制履行或者履行费用过高；（三）债权人在合理期限内未请求履行。有前款规定的除外情形之一，致使不能实现合同目的的，人民法院或者仲裁机构可以根据当事人的请求终止合同权利义务关系，但是不影响违约责任的承担。"第二，如提交履约保证金的，不予退还履约保证金，不管中标人的违约行为是否给招标人造成损害，只要其不履行合同即可。第三，赔偿损失，中标人赔偿的范围包括招标人所遭受的直接损失和间接损失，但不应当超过当事人订立合同时预见到或应当预见到因违反合同可能造成的损失。交纳的履约保证金应当抵作损害赔偿金的一部分。履约保证金的数额超过因违约造成的损失的，中标人对于该损失不再赔偿。相反，履约保证金数额低于因违约造成的损失的，中标人还应当对超出部分予以赔偿。

此外，招标人可依据合同约定要求中标人支付违约金。如果中标人的违约行为造成的损失重大的，有关行政监督部门可以取消其 2 年至 5 年内参加依法必须招标项目的投标资格并予以公告，但法律未规定招标人是否也可以决定取消其一定年限的投标资格，招标人可以在招标文件中规定投标人有不良履约行为的，对投标人今后参与投标的资格条件予以限制。

关联参见

《民法典》第 580 条

第六十一条　【行政处罚的决定】本章规定的行政处罚，由国务院规定的有关行政监督部门决定。本法已对实施行政处罚的机关作出规定的除外。

第六十二条　【干涉招投标活动的责任】任何单位违反本法规定，限制或者排斥本地区、本系统以外的法人或者其他组织参加投标的，为招标人指定招标代理机构的，强制招标人委托招标代理机构办理招标事宜的，或者以其他方式干涉招标投标活动的，责令改正；对单位直接负责的主管人员和其他直接责任人员依法给予警告、记过、记大过的处分，情节较重的，依法给予降级、撤职、开除的处分。

个人利用职权进行前款违法行为的，依照前款规定追究责任。

条文解读

国家工作人员利用职务便利，以直接或者间接、明示或者暗示等任何方式非法干涉招标投标活动，有下列情形之一的，依法给予记过或者记大过处分；情节严重的，依法给予降级或者撤职处分；情节特别严重的，依法给予开除处分；构成犯罪的，依法追究刑事责任：一是要求对依法必须进行招标的项目不招标，或者要求对依法应当公开招标的项目不公开招标；二是要求评标委员会成员或者招标人以其指定的投标人作为中标候选人或者中标人，或者以其他方式非法干涉评标活动，影响中标结果；三是以其他方式非法干涉招标投标活动。

关联参见

《招标投标法实施条例》第80条

第六十三条　【行政监督机关工作人员的责任】 对招标投标活动依法负有行政监督职责的国家机关工作人员徇私舞弊、滥用职权或者玩忽职守，构成犯罪的，依法追究刑事责任；不构成犯罪的，依法给予行政处分。

条文解读

从招投标领域违纪违法案件中暴露出来的问题看，很多基层涉案人员法治意识不强，不按规定程序操作、不按规章制度办事是违纪违法案件易发的一个重要原因。一方面，一些党员领导干部特别是农村基层村组干部对招标投标法等相关法律法规学习不够，存在惯性思维，法治意识不强;另一方面,部分领导干部与工程建设老板的交往密切,把工程建设、物资采购管理视为个人揽财的工具,违规插手干预招投标过程和结果,谋取个人私利。

同时,招投标领域违纪违法手段多样。例如,在工程建设等招标活动中不走程序、规避监管,部分单位存在通过直接发包、项目分拆、内部邀标等方式逃避招标程序;在投标过程中弄虚作假,串标围标,谋取利益,部分单位通过挂靠资质等方式以满足招标条件,对招标质量造成很大影响,为后期项目的实施埋下隐患;在招投标监管过程中滥用职权、失职失责。部分行政主管部门在履行监管职能时,存在监管不力、执法不严的情况,导致腐败案件的滋生;有的甚至以言代法、以权压法,直接干预招投标活动,破坏法定程序,权钱交易现象时有发生。

针对上述问题,要加强对相关党员领导干部的监督管理和风险防控。一是形成多部门联动机制。招投标监督管理涉及财政、发改、国土、审计、建设、纪检监察等多个部门,多部门密切配合,严厉打击租借、挂靠、出让代理资格等违规代理行为,规范市场秩序。二是开展日常监督检查。对招投标工作进行定期和不定期监督检查,把制度执行情况纳入党风廉政建设责任制检查考核和领导干部述职述廉内容,及时纠正制度执行不力的行为,严肃查处严重破坏制度的行为。三是加强涉及招投标领域党员、干部廉政风险教育,深入查找招投标各环节的廉政风险点,对招标活动全过程备案,从细从严制定防控措施,将每个环节的监督责任落实到人,做到防患于未然。①

关联参见

《刑法》第 397 条

---

① 参见江苏省纪委监委案件监督管理室:《严惩招投标领域违纪违法行为》,载《中国纪检监察报》2021 年 4 月 8 日,第 8 版。

第六十四条 【中标无效的处理】依法必须进行招标的项目违反本法规定，中标无效的，应当依照本法规定的中标条件从其余投标人中重新确定中标人或者依照本法重新进行招标。

条文解读

根据本条规定，依法必须进行招标的项目违反法律规定而中标无效的，应当依照法律规定的中标条件从其余投标人中重新确定中标人；如果违法行为涉及所有的投标人或者投标人中根本没有符合中标条件的，招标人应当重新进行招标。中标无效后，招标人与中标人不再签订合同或者签订的合同无效。根据《民法典》的规定，合同无效后，因该合同取得的财产，应当予以返还；不能返还或者没有必要返还的，应当折价补偿。有过错的一方当事人还应当赔偿对方因此所受的损失；双方都有过错的，应当各自承担相应的责任。如属多人共同侵权行为造成他人损害的，应当按照《民法典》的规定，由共同侵权人承担连带责任。

《招标投标法》关于中标无效的规定主要有以下六种情况：（1）招标代理机构违反《招标投标法》规定，泄露应当保密的与招标投标活动有关的情况和资料，或者与招标人、投标人串通损害国家利益、社会公共利益或者他人合法权益的行为，影响中标结果的，中标无效。（2）依法必须进行招标的项目的招标人向他人透露已获取招标文件的潜在投标人的名称、数量或者可能影响公平竞争的有关招标投标的其他情况，或者泄露标底的行为，影响中标结果的，中标无效。（3）投标人相互串通投标或者与招标人串通投标的，投标人以向招标人或者评标委员会成员行贿的手段谋取中标的，中标无效。（4）投标人以他人名义投标或者以其他方式弄虚作假，骗取中标的，中标无效。（5）依法必须进行招标的项目，招标人违反《招标投标法》规定，与投标人就投标价格、投标方案等实质性内容进行谈判的行为，影响中标结果的，中标无效。（6）招标人在评标委员会依法推荐的中标候选人以外确定中标人的，依法必须进行招标的项目在所有投标被评标委员会否决后自行确定中标人的，中标无效。

15. 是重新招标还是重新确定中标人，由谁选择？[①]

房地产公司发布了住宅小区前期物业服务招标文件，约定的定标原则为："1. 根据投标企业价格标、商务标、技术标、现场答辩四项总分之和，从高到低排序，由评标委员会推荐标明顺序的第 1 名为中标候选人。2. 若确定中标的中标候选人放弃中标或者因不可抗力提出不能履行合同的，招标人可以依序确定其他中标候选人为中标人。3. 在投标过程中有违反招标文件规定，提出虚假资料或采取不正当竞争手段的，招标人有权取消中标人的中标资格。"

评标结果为 L 物业公司评分第一，K 物业公司评分第二。K 物业公司举报 L 物业公司在投标中存在违规行为。后经相关部门查实，L 物业公司提供的部分资料不实，取消了 L 物业公司中标资格。K 物业公司认为取消 L 物业公司的投标资格后，其应当为中标人，但房地产公司另行组织招标确定了中标人，因此 K 物业公司诉至法院请求判令房地产公司按照缴纳的保证金一倍赔偿 5 万元。

法院认为，根据房地产公司招标文件中约定的定标原则，规定中标候选人仅为一人，且规定当中标的中标候选人放弃中标或者因不可抗力提出不能履行合同的，招标人可以依序确定其他中标候选人为中标人，并没有规定当中标候选人被取消中标资格后，招标人必须依序确定其他中标人。因此，当 L 物业公司被取消中标资格后，房地产公司重新招标并没有违反招标文件的规定。K 物业公司以房地产公司不按照规定确定中标人为由，要求房地产公司赔偿 5 万元，没有依据。此外，K 物业公司与房地产公司之间也不存在《民法典》第 500 条规定的缔约过失情

---

① 参见《K 物业公司与房地产公司招标投标买卖合同纠纷二审民事判决书》，案号：(2014) 盐商终字第 0320 号，载中国裁判文书网，最后访问时间：2023 年 11 月 3 日。

形。综上，法院判决驳回 K 物业公司的诉讼请求。

16. 因评标委员会违法评标导致中标无效，能否在中标候选供应商中再行选取中标供应商？①

2015 年 9 月，贸易公司获悉幼师学校琴房钢琴设备采购项目的招标公告后，先向 A、B 两家公司订货，并递交了投标文件。经评标，钢琴公司、贸易公司和电子公司列中标候选供应商前三名。中标公告确定中标供应商为钢琴公司。

2015 年 9 月 30 日，市财政局收到反映采购项目在评审过程中存在违法行为的举报，经调查认定评标委员会成员吴某未独立评审，其评审打分结论是参考苏某的评审打分结论；其他评标委员会成员对参与投标的贸易公司、电子公司等存在凭印象扣分、违反招标文件要求扣分的情形，故作出行政处理决定，认定此次招标项目中标结果无效。

2015 年 11 月 20 日，贸易公司向幼师学校递交报告要求确定其为新的中标人，后又向 A、B 公司分别支付定金及保证金。2016 年 1 月 19 日，贸易公司向市财政局递交《关于要求幼师学校履行采购义务的报告》，市财政局回复称："一、认定本次招标项目中标结果无效后，应当由幼师学校依照《政府采购法实施条例》第七十一条第一款第（二）项作出选择；二、已对参加评标的采购人代表吴某、苏某给予了行政警告处分。"同年 4 月 22 日，贸易公司再次发函给幼师学校要求确定其为中标人。后，A、B 公司分别函告贸易公司要求其在限定的时间内支付剩余货款并提货，否则视为违约并对定金与保证金不退。2016 年 5 月 31 日，幼师学校通知各投标单位："我校认为此次采购活动没有合格的中标候选人，现依据《政府采购法实施条例》第七十一条第一款第（二）项之规定，决定重新开展政府采购活动。"

贸易公司认为，其为满足投标要求订购了钢琴、支付了定金和预付

---

① 参见《贸易公司与幼师学校招标投标买卖合同纠纷二审民事判决书》，案号：（2017）湘 01 民终 1191 号，载中国裁判文书网，最后访问时间：2023 年 11 月 3 日。

款, 并被评定为第一替补中标供应商, 在市财政局明确认定本次招标项目中标结果无效后, 幼师学校明确拒绝确定贸易公司为新的中标人, 侵犯了其合法权益, 故诉至法院, 请求判令幼师学校赔偿贸易公司503769元及可预期的收益损失649460元。

法院认为, (1) 关于贸易公司是否应被确认为中标供应商。本案中, 评标委员会7名成员中5名评委存在凭印象扣分、违反招标文件要求扣分等违法评标行为, 不仅影响贸易公司的评标得分, 同样也影响其他投标人的评标得分, 其作出的评审意见依照《政府采购法实施条例》的规定应被认定无效。在中标候选供应商中再行选取中标供应商是显失公平的行为, 将损害其他投标人的合法权益。故, 本次中标公告公示的中标候选供应商以及中标供应商的中标结果均应无效。因此, 贸易公司不能被确定为排名第二的中标候选供应商以及第一替补中标供应商, 也就不能被确定为中标供应商, 幼师学校重新开展政府采购活动并无不当。

(2) 关于幼师学校是否应当赔偿贸易公司的经济损失以及可预期收益损失。贸易公司在本次政府采购项目中标公告公示之前已经与A、B公司签订买卖合同。据此可知, 贸易公司并非因本次中标结果而与案外其他公司签订买卖合同。因其自身缔约行为产生的损失, 应由其自身承担, 幼师学校对此不承担赔偿责任。关于贸易公司的可预期收益损失, 因该公司不能被确定为中标供应商且幼师学校重新开展政府采购活动并无不当, 故对贸易公司的此项诉讼请求亦不予支持。

综上, 法院判决驳回贸易公司的诉讼请求。

第六章 附 则

第六十五条 【异议或投诉】 投标人和其他利害关系人认为招标投标活动不符合本法有关规定的, 有权向招标人提出异议或者依法向有关行政监督部门投诉。

条文解读

其他利害关系人 ➡ 本条规定中的其他利害关系人是指投标人以外的，与招标项目或者招标活动有直接和间接利益关系的法人、其他组织和个人。

投诉书的内容 ➡ 投诉人依法向有关行政监督部门投诉的，应当提交投诉书，包括以下内容：（1）投诉人的名称、地址及有效联系方式；（2）被投诉人的名称、地址及有效联系方式；（3）投诉事项的基本事实；（4）相关请求及主张；（5）有效线索和相关证明材料。对《招标投标法实施条例》规定应先提出异议的事项进行投诉的，应当附提出异议的证明文件。已向有关行政监督部门投诉的，应当一并说明。投诉人是法人的，投诉书必须由其法定代表人或者授权代表签字并盖章；其他组织或者个人投诉的，投诉书必须由其主要负责人或者投诉人本人签字，并附有效身份证明复印件。投诉书有关材料是外文的，投诉人应当同时提供其中文译本。

投诉的时效限制 ➡ 投诉人认为招标投标活动不符合法律行政法规规定的，可以在知道或者应当知道之日起 10 日内提起书面投诉。依照有关行政法规提出异议的，异议答复期间不计算在内。

投诉不被受理的情形 ➡ 有下列情形之一的投诉，不予受理：（1）投诉人不是所投诉招标投标活动的参与者，或者与投诉项目无任何利害关系；（2）投诉事项不具体，且未提供有效线索，难以查证的；（3）投诉书未署具投诉人真实姓名、签字和有效联系方式的，以法人名义投诉的，投诉书未经法定代表人签字并加盖公章的；（4）超过投诉时效的；（5）已经作出处理决定，并且投诉人没有提出新的证据的；（6）投诉事项应先提出异议没有提出异议、已进入行政复议或行政诉讼程序的。

投诉人撤回投诉 ➡ 投诉处理决定作出前，投诉人要求撤回投诉的，应当以书面形式提出并说明理由。如果撤回投诉不损害国家利益、社会公共利益或者其他当事人合法权益的，应当准予撤回，投诉过程终止。

但是经查实有明显违法行为的，应当不准撤回，行政监督部门应当继续调查直至作出正确的处理决定。

投诉人经允许撤回投诉后，不得以同一事实和理由再提出投诉。

投诉处理决定 ➡ 投诉处理决定应当包括下列主要内容：（1）投诉人和被投诉人的名称、住址；（2）投诉人的投诉事项及主张；（3）被投诉人的答辩及请求；（4）调查认定的基本事实；（5）行政监督部门的处理意见及依据。

投诉人的救济 ➡ 当事人对行政监督部门的投诉处理决定不服或者行政监督部门逾期未对投诉进行处理的，可以依法申请行政复议或者向人民法院提起行政诉讼。

违法投诉的法律责任 ➡ 投诉人实施故意捏造事实、伪造证明材料或者以非法手段取得证明材料进行投诉，给他人造成损失的，依法承担赔偿责任。

案例指引

17. 超过投诉期限的投诉是否有效？[①]

国际工程公司代理某公司高压煤浆泵采购项目国际招标，第一中标候选人为矿业公司。2015年6月28日，泵业公司对此在招标网上提出异议，认为矿业公司以虚假泵型、业绩投标。同日，国际工程公司在招标网"异议答复"项中录入"我们正在核实贵公司提出的异议问题，将尽快作出异议处理"，此后双方多次通过电子邮件沟通。2015年7月30日，国际工程公司书面答复："对招标文件中提出的关键技术及业绩要求，矿业公司均响应且满足。"

2016年4月28日，泵业公司向北京市商务委员会（以下简称市商委）提交投诉书，认为招标机构对其异议没有作出令人信服的答复，招

---

① 参见《泵业公司与北京市商务委员会其他二审行政判决书》，案号：（2015）二中行终字第738号，载中国裁判文书网，最后访问时间：2023年11月3日。

标网显示截至 2016 年 4 月 26 日，该项目异议处理结果尚未作出，仍处于异议答复期间，要求确定泵业公司自动成为中标人。市商委以投诉超过投诉期限为由，作出不予受理告知书。泵业公司不服，申请行政复议，商务部维持不予受理决定。泵业公司遂起诉，请求法院撤销市商委的不予受理告知书，判令受理其投诉并重新作出处理意见。

法院认为，本案争议焦点是泵业公司的投诉是否超过法定期限。泵业公司于 2015 年 6 月 28 日提出的异议系在公示期内提出的有效异议，招标机构应在 3 日内，即 2015 年 7 月 1 日前作出答复。"我们正在核实贵公司提出的异议问题，将尽快作出异议处理"的意见，是招标网异议答复栏内的内容，投标人如果对其不认可，应在该答复作出之日起 10 日内向主管部门投诉；如果认为该答复没有实质内容，属于无效答复或者视同未答复，应当在答复期满之日（2015 年 7 月 1 日）起 10 日内向主管部门投诉。因而，对于 2015 年 6 月 28 日提出异议的投诉期，最长至 2015 年 7 月 11 日止。同时，考虑到招标机构曾于 2015 年 7 月 30 日作出书面答复，即使按照该时间计算期限，泵业公司最迟也应在该日期后的 10 日内投诉。泵业公司未及时行使投诉权，而是与招标机构反复沟通，最终导致其投诉超过法定期限。

市商委接收投诉材料，在认定泵业公司已超过投诉期限的情况下，依据《机电产品国际招标投标实施办法（试行）》第 85 条第（7）项之规定，对其投诉不予受理，适用法律正确。

综上，法院判决驳回泵业公司的诉讼请求。

关联参见

《政府采购法》第 56 条；《工程建设项目招标投标活动投诉处理办法》第 7—26 条

第六十六条 【不进行招标的项目】涉及国家安全、国家秘密、抢险救灾或者属于利用扶贫资金实行以工代赈、需要使用农民工等特殊情况，不适宜进行招标的项目，按照国家有关规定可以不进行招标。

本条中的以工代赈、需要使用农民工的项目是指国家利用扶贫资金建设扶贫工程项目，吸纳扶贫对象参加该工程的建设或成为建成后的项目的工作人员，以工资和工程项目的经营收益达到扶贫目的的一类项目。

28. 除法律规定的可以不进行招标的特殊情况外，还有哪些情形可以不进行招标？

除《招标投标法》第66条规定的可以不进行招标的特殊情况外，有下列情形之一的，可以不进行招标：（1）需要采用不可替代的专利或者专有技术；（2）采购人依法能够自行建设、生产或者提供；（3）已通过招标方式选定的特许经营项目投资人依法能够自行建设、生产或者提供；（4）需要向原中标人采购工程、货物或者服务，否则将影响施工或者功能配套要求；（5）国家规定的其他特殊情形。

对于本应依法必须进行招标的项目有特殊情况又可以不招标的具体情形，部门规章针对不同类别的采购项目也另有更具体的规定。例如，《工程建设项目勘察设计招标投标办法》第4条规定："按照国家规定需要履行项目审批、核准手续的依法必须进行招标的项目，有下列情形之一的，经项目审批、核准部门审批、核准，项目的勘察设计可以不进行招标：（一）涉及国家安全、国家秘密、抢险救灾或者属于利用扶贫资金实行以工代赈、需要使用农民工等特殊情况，不适宜进行招标；（二）主要工艺、技术采用不可替代的专利或者专有技术，或者其建筑艺术造型有特殊要求；（三）采购人依法能够自行勘察、设计；（四）已通过招标方式选定的特许经营项目投资人依法能够自行勘察、设计；

（五）技术复杂或专业性强，能够满足条件的勘察设计单位少于三家，不能形成有效竞争；（六）已建成项目需要改、扩建或者技术改造，由其他单位进行设计影响项目功能配套性；（七）国家规定的其他特殊情形。"《工程建设项目施工招标投标办法》第 12 条规定："依法必须进行施工招标的工程建设项目有下列情形之一的，可以不进行施工招标：（一）涉及国家安全、国家秘密、抢险救灾或者属于利用扶贫资金实行以工代赈需要使用农民工等特殊情况，不适宜进行招标；（二）施工主要技术采用不可替代的专利或者专有技术；（三）已通过招标方式选定的特许经营项目投资人依法能够自行建设；（四）采购人依法能够自行建设；（五）在建工程追加的附属小型工程或者主体加层工程，原中标人仍具备承包能力，并且其他人承担将影响施工或者功能配套要求；（六）国家规定的其他情形。"《机电产品国际招标投标实施办法（试行）》第 7 条规定："有下列情形之一的，可以不进行国际招标：（一）国（境）外赠送或无偿援助的机电产品；（二）采购供生产企业及科研机构研究开发用的样品样机；（三）单项合同估算价在国务院规定的必须进行招标的标准以下的；（四）采购旧机电产品；（五）采购供生产配套、维修用零件、部件；（六）采购供生产企业生产需要的专用模具；（七）根据法律、行政法规的规定，其他不适宜进行国际招标采购的机电产品。招标人不得为适用前款规定弄虚作假规避招标。"

关联参见

《招标投标法实施条例》第 9 条；《工程建设项目施工招标投标办法》第 12 条；《工程建设项目勘察设计招标投标办法》第 4 条；《机电产品国际招标投标实施办法（试行）》第 7 条

第六十七条 【适用除外】使用国际组织或者外国政府贷款、援助资金的项目进行招标，贷款方、资金提供方对招标投标的具体条件和程序有不同规定的，可以适用其规定，但违背中华人民共和国的社会公共利益的除外。

条文解读

实践中，对于国际招标项目，要注意适用世界银行、亚洲开发银行等国际金融组织的招标采购规定，贷款方、援助方提出的要求或者《机电产品国际招标投标实施办法（试行）》的具体规定。当遇到与我国《招标投标法》不同的规定时，在不违背我国社会公共利益的前提下，可以优先适用提供贷款或援助资金的有关国际组织或外国政府的规定。

第六十八条　【施行日期】 本法自 2000 年 1 月 1 日起施行。

法律法规
新解读丛书

关联法规

招标投标法
解读与应用

中华人民共和国招标投标法实施条例

· 2011 年 12 月 20 日中华人民共和国国务院令第 613 号公布
· 根据 2017 年 3 月 1 日《国务院关于修改和废止部分行政法规的决定》第一次修订
· 根据 2018 年 3 月 19 日《国务院关于修改和废止部分行政法规的决定》第二次修订
· 根据 2019 年 3 月 2 日《国务院关于修改部分行政法规的决定》第三次修订

第一章 总 则

第一条 为了规范招标投标活动，根据《中华人民共和国招标投标法》（以下简称招标投标法），制定本条例。

第二条 招标投标法第三条所称工程建设项目，是指工程以及与工程建设有关的货物、服务。

前款所称工程，是指建设工程，包括建筑物和构筑物的新建、改建、扩建及其相关的装修、拆除、修缮等；所称与工程建设有关的货物，是指构成工程不可分割的组成部分，且为实现工程基本功能所必需的设备、材料等；所称与工程建设有关的服务，是指为完成工程所需的勘察、设计、监理等服务。

第三条 依法必须进行招标的工程建设项目的具体范围和规模标准，由国务院发展改革部门会同国务院有关部门制订，报国务院批准后公布施行。

第四条 国务院发展改革部门指导和协调全国招标投标工作，对国家重大建设项目的工程招标投标活动实施监督检查。国务院工业和信息化、住房城乡建设、交通运输、铁道、水利、商务等部门，按照规定的职责分工对有关招标投标活动实施监督。

县级以上地方人民政府发展改革部门指导和协调本行政区域的招标投标工作。县级以上地方人民政府有关部门按照规定的职责分工，对招标投标活动实施监督，依法查处招标投标活动中的违法行为。县级以上地方人民政府对其所属部门有关招标投标活动的监督职责分工另有规定的，从其规定。

财政部门依法对实行招标投标的政府采购工程建设项目的政府采购政策执行情况实施监督。

监察机关依法对与招标投标活动有关的监察对象实施监察。

第五条 设区的市级以上地方人民政府可以根据实际需要，建立统一规范的招标投标交易场所，为招标投标活动提供服务。招标投标交易场所不得与行政监督部门存在隶属关系，不得以营利为目的。

国家鼓励利用信息网络进行电子招标投标。

第六条 禁止国家工作人员以任何方式非法干涉招标投标活动。

第二章 招　标

第七条 按照国家有关规定需要履行项目审批、核准手续的依法必须进行招标的项目，其招标范围、招标方式、招标组织形式应当报项目审批、核准部门审批、核准。项目审批、核准部门应当及时将审批、核准确定的招标范围、招标方式、招标组织形式通报有关行政监督部门。

第八条 国有资金占控股或者主导地位的依法必须进行招标的项目，应当公开招标；但有下列情形之一的，可以邀请招标：

（一）技术复杂、有特殊要求或者受自然环境限制，只有少量潜在投标人可供选择；

（二）采用公开招标方式的费用占项目合同金额的比例过大。

有前款第二项所列情形，属于本条例第七条规定的项目，由项目审批、核准部门在审批、核准项目时作出认定；其他项目由招标人申请有关行政监督部门作出认定。

第九条　除招标投标法第六十六条规定的可以不进行招标的特殊情况外，有下列情形之一的，可以不进行招标：

（一）需要采用不可替代的专利或者专有技术；

（二）采购人依法能够自行建设、生产或者提供；

（三）已通过招标方式选定的特许经营项目投资人依法能够自行建设、生产或者提供；

（四）需要向原中标人采购工程、货物或者服务，否则将影响施工或者功能配套要求；

（五）国家规定的其他特殊情形。

招标人为适用前款规定弄虚作假的，属于招标投标法第四条规定的规避招标。

第十条　招标投标法第十二条第二款规定的招标人具有编制招标文件和组织评标能力，是指招标人具有与招标项目规模和复杂程度相适应的技术、经济等方面的专业人员。

第十一条　国务院住房城乡建设、商务、发展改革、工业和信息化等部门，按照规定的职责分工对招标代理机构依法实施监督管理。

第十二条　招标代理机构应当拥有一定数量的具备编制招标文件、组织评标等相应能力的专业人员。

第十三条　招标代理机构在招标人委托的范围内开展招标代理业务，任何单位和个人不得非法干涉。

招标代理机构代理招标业务，应当遵守招标投标法和本条例关于招标人的规定。招标代理机构不得在所代理的招标项目中投标或者代理投标，也不得为所代理的招标项目的投标人提供咨询。

第十四条　招标人应当与被委托的招标代理机构签订书面委托合同，合同约定的收费标准应当符合国家有关规定。

第十五条　公开招标的项目，应当依照招标投标法和本条例的规定发布招标公告、编制招标文件。

招标人采用资格预审办法对潜在投标人进行资格审查的，应当发布资格预审公告、编制资格预审文件。

依法必须进行招标的项目的资格预审公告和招标公告，应当在国务院发展改革部门依法指定的媒介发布。在不同媒介发布的同一招标项目的资格预审公告或者招标公告的内容应当一致。指定媒介发布依法必须进行招标的项目的境内资格预审公告、招标公告，不得收取费用。

编制依法必须进行招标的项目的资格预审文件和招标文件，应当使用国务院发展改革部门会同有关行政监督部门制定的标准文本。

第十六条　招标人应当按照资格预审公告、招标公告或者投标邀请书规定的时间、地点发售资格预审文件或者招标文件。资格预审文件或者招标文件的发售期不得少于 5 日。

招标人发售资格预审文件、招标文件收取的费用应当限于补偿印刷、邮寄的成本支出，不得以营利为目的。

第十七条　招标人应当合理确定提交资格预审申请文件的时间。依法必须进行招标的项目提交资格预审申请文件的时间，自资格预审文件停止发售之日起不得少于 5 日。

第十八条　资格预审应当按照资格预审文件载明的标准和方法进行。

国有资金占控股或者主导地位的依法必须进行招标的项目，招标人应当组建资格审查委员会审查资格预审申请文件。资格审查委员会及其成员应当遵守招标投标法和本条例有关评标委员会及其成员的规定。

第十九条　资格预审结束后，招标人应当及时向资格预审申请人发出资格预审结果通知书。未通过资格预审的申请人不具有投标资格。

通过资格预审的申请人少于 3 个的，应当重新招标。

第二十条　招标人采用资格后审办法对投标人进行资格审查的，应当在开标后由评标委员会按照招标文件规定的标准和方法对投标人的资格进行审查。

第二十一条　招标人可以对已发出的资格预审文件或者招标文件进行必要的澄清或者修改。澄清或者修改的内容可能影响资格预审申请文件或者投标文件编制的，招标人应当在提交资格预审申请文件截止时间至少 3 日前，或者投标截止时间至少 15 日前，以书面形式通知所有获取资格预审文件或者招标文件的潜在投标人；不足 3 日或者 15 日的，招标人应当顺延提交资格预审申请文件或者投标文件的截止时间。

第二十二条　潜在投标人或者其他利害关系人对资格预审文件有异议的，应当在提交资格预审申请文件截止时间 2 日前提出；对招标文件有异议的，应当在投标截止时间 10 日前提出。招标人应当自收到异议之日起 3 日内作出答复；作出答复前，应当暂停招标投标活动。

第二十三条　招标人编制的资格预审文件、招标文件的内容违反法律、行政法规的强制性规定，违反公开、公平、公正和诚实信用原则，影响资格预审结果或者潜在投标人投标的，依法必须进行招标的项目的招标人应当在修改资格预审文件或者招标文件后重新招标。

第二十四条　招标人对招标项目划分标段的，应当遵守招标投标法的有关规定，不得利用划分标段限制或者排斥潜在投标人。依法必须进行招标的项目的招标人不得利用划分标段规避招标。

第二十五条　招标人应当在招标文件中载明投标有效期。投标有效期从提交投标文件的截止之日起算。

第二十六条　招标人在招标文件中要求投标人提交投标保证金的，投标保证金不得超过招标项目估算价的 2%。投标保证金有效期应当与投标有效期一致。

依法必须进行招标的项目的境内投标单位，以现金或者支票形式提交的投标保证金应当从其基本账户转出。

招标人不得挪用投标保证金。

第二十七条　招标人可以自行决定是否编制标底。一个招标项目只能有一个标底。标底必须保密。

接受委托编制标底的中介机构不得参加受托编制标底项目的投标，也不得为该项目的投标人编制投标文件或者提供咨询。

招标人设有最高投标限价的，应当在招标文件中明确最高投标限价或者最高投标限价的计算方法。招标人不得规定最低投标限价。

第二十八条　招标人不得组织单个或者部分潜在投标人踏勘项目现场。

第二十九条　招标人可以依法对工程以及与工程建设有关的货物、服务全部或者部分实行总承包招标。以暂估价形式包括在总承包范围内的工程、货物、服务属于依法必须进行招标的项目范围且达到国家规定规模标准的，应当依法进行招标。

前款所称暂估价，是指总承包招标时不能确定价格而由招标人在招标文件中暂时估定的工程、货物、服务的金额。

第三十条　对技术复杂或者无法精确拟定技术规格的项目，招标人可以分两阶段进行招标。

第一阶段，投标人按照招标公告或者投标邀请书的要求提交不带报价的技术建议，招标人根据投标人提交的技术建议确定技术标准和要求，编制招标文件。

第二阶段，招标人向在第一阶段提交技术建议的投标人提供招标文件，投标人按照招标文件的要求提交包括最终技术方案和投标报价的投标文件。

招标人要求投标人提交投标保证金的，应当在第二阶段提出。

第三十一条　招标人终止招标的，应当及时发布公告，或者以书面形式通知被邀请的或者已经获取资格预审文件、招标文件的潜在投标人。已经发售资格预审文件、招标文件或者已经收取投标保证金的，招标人应当及时退还所收取的资格预审文件、招标文件的费用，以及所收取的投标保证金及银行同期存款利息。

第三十二条　招标人不得以不合理的条件限制、排斥潜在投标人或者投标人。

招标人有下列行为之一的，属于以不合理条件限制、排斥潜在投标人或者投标人：

（一）就同一招标项目向潜在投标人或者投标人提供有差别的项目信息；

（二）设定的资格、技术、商务条件与招标项目的具体特点和实际需要不相适应或者与合同履行无关；

（三）依法必须进行招标的项目以特定行政区域或者特定行业的业绩、奖项作为加分条件或者中标条件；

（四）对潜在投标人或者投标人采取不同的资格审查或者评标标准；

（五）限定或者指定特定的专利、商标、品牌、原产地或者供应商；

（六）依法必须进行招标的项目非法限定潜在投标人或者投标人的所有制形式或者组织形式；

（七）以其他不合理条件限制、排斥潜在投标人或者投标人。

第三章　投　　标

第三十三条　投标人参加依法必须进行招标的项目的投标，不受地区或者部门的限制，任何单位和个人不得非法干涉。

第三十四条　与招标人存在利害关系可能影响招标公正性的法人、其他组织或者个人，不得参加投标。

单位负责人为同一人或者存在控股、管理关系的不同单位，不得参加同一标段投标或者未划分标段的同一招标项目投标。

违反前两款规定的，相关投标均无效。

第三十五条　投标人撤回已提交的投标文件，应当在投标截止时间前书面通知招标人。招标人已收取投标保证金的，应当自收到投标人书面撤回通知之日起 5 日内退还。

投标截止后投标人撤销投标文件的，招标人可以不退还投标保证金。

第三十六条　未通过资格预审的申请人提交的投标文件，以及逾期送达或者不按照招标文件要求密封的投标文件，招标人应当拒收。

招标人应当如实记载投标文件的送达时间和密封情况，并存档备查。

第三十七条　招标人应当在资格预审公告、招标公告或者投标邀请书中载明是否接受联合体投标。

招标人接受联合体投标并进行资格预审的，联合体应当在提交资格预审申请文件前组成。资格预审后联合体增减、更换成员的，其投标无效。

联合体各方在同一招标项目中以自己名义单独投标或者参加其他联合体投标的，相关投标均无效。

第三十八条　投标人发生合并、分立、破产等重大变化的，应当及时书面告知招标人。投标人不再具备资格预审文件、招标文件规定的资格条件或者其投标影响招标公正性的，其投标无效。

第三十九条　禁止投标人相互串通投标。

有下列情形之一的，属于投标人相互串通投标：

（一）投标人之间协商投标报价等投标文件的实质性内容；

（二）投标人之间约定中标人；

（三）投标人之间约定部分投标人放弃投标或者中标；

（四）属于同一集团、协会、商会等组织成员的投标人按照该组织要求协同投标；

（五）投标人之间为谋取中标或者排斥特定投标人而采取的其他联合行动。

第四十条　有下列情形之一的，视为投标人相互串通投标：

（一）不同投标人的投标文件由同一单位或者个人编制；

（二）不同投标人委托同一单位或者个人办理投标事宜；

（三）不同投标人的投标文件载明的项目管理成员为同一人；

（四）不同投标人的投标文件异常一致或者投标报价呈规律性差异；

（五）不同投标人的投标文件相互混装；

（六）不同投标人的投标保证金从同一单位或者个人的账户转出。

第四十一条 禁止招标人与投标人串通投标。

有下列情形之一的，属于招标人与投标人串通投标：

（一）招标人在开标前开启投标文件并将有关信息泄露给其他投标人；

（二）招标人直接或者间接向投标人泄露标底、评标委员会成员等信息；

（三）招标人明示或者暗示投标人压低或者抬高投标报价；

（四）招标人授意投标人撤换、修改投标文件；

（五）招标人明示或者暗示投标人为特定投标人中标提供方便；

（六）招标人与投标人为谋求特定投标人中标而采取的其他串通行为。

第四十二条 使用通过受让或者租借等方式获取的资格、资质证书投标的，属于招标投标法第三十三条规定的以他人名义投标。

投标人有下列情形之一的，属于招标投标法第三十三条规定的以其他方式弄虚作假的行为：

（一）使用伪造、变造的许可证件；

（二）提供虚假的财务状况或者业绩；

（三）提供虚假的项目负责人或者主要技术人员简历、劳动关系证明；

（四）提供虚假的信用状况；

（五）其他弄虚作假的行为。

第四十三条 提交资格预审申请文件的申请人应当遵守招标投标法和本条例有关投标人的规定。

第四章 开标、评标和中标

第四十四条 招标人应当按照招标文件规定的时间、地点开标。

投标人少于 3 个的，不得开标；招标人应当重新招标。

投标人对开标有异议的，应当在开标现场提出，招标人应当当场作出答复，并制作记录。

第四十五条　国家实行统一的评标专家专业分类标准和管理办法。具体标准和办法由国务院发展改革部门会同国务院有关部门制定。

省级人民政府和国务院有关部门应当组建综合评标专家库。

第四十六条　除招标投标法第三十七条第三款规定的特殊招标项目外，依法必须进行招标的项目，其评标委员会的专家成员应当从评标专家库内相关专业的专家名单中以随机抽取方式确定。任何单位和个人不得以明示、暗示等任何方式指定或者变相指定参加评标委员会的专家成员。

依法必须进行招标的项目的招标人非因招标投标法和本条例规定的事由，不得更换依法确定的评标委员会成员。更换评标委员会的专家成员应当依照前款规定进行。

评标委员会成员与投标人有利害关系的，应当主动回避。

有关行政监督部门应当按照规定的职责分工，对评标委员会成员的确定方式、评标专家的抽取和评标活动进行监督。行政监督部门的工作人员不得担任本部门负责监督项目的评标委员会成员。

第四十七条　招标投标法第三十七条第三款所称特殊招标项目，是指技术复杂、专业性强或者国家有特殊要求，采取随机抽取方式确定的专家难以保证胜任评标工作的项目。

第四十八条　招标人应当向评标委员会提供评标所必需的信息，但不得明示或者暗示其倾向或者排斥特定投标人。

招标人应当根据项目规模和技术复杂程度等因素合理确定评标时间。超过三分之一的评标委员会成员认为评标时间不够的，招标人应当适当延长。

评标过程中，评标委员会成员有回避事由、擅离职守或者因健康等原因不能继续评标的，应当及时更换。被更换的评标委员会成员作出的评审结论无效，由更换后的评标委员会成员重新进行评审。

第四十九条　评标委员会成员应当依照招标投标法和本条例的规定，按照招标文件规定的评标标准和方法，客观、公正地对投标文件提出评审意见。招标文件没有规定的评标标准和方法不得作为评标的依据。

评标委员会成员不得私下接触投标人，不得收受投标人给予的财物或者其他好处，不得向招标人征询确定中标人的意向，不得接受任何单位或者个人明示或者暗示提出的倾向或者排斥特定投标人的要求，不得有其他不客观、不公正履行职务的行为。

第五十条　招标项目设有标底的，招标人应当在开标时公布。标底只能作为评标的参考，不得以投标报价是否接近标底作为中标条件，也不得以投标报价超过标底上下浮动范围作为否决投标的条件。

第五十一条　有下列情形之一的，评标委员会应当否决其投标：

（一）投标文件未经投标单位盖章和单位负责人签字；

（二）投标联合体没有提交共同投标协议；

（三）投标人不符合国家或者招标文件规定的资格条件；

（四）同一投标人提交两个以上不同的投标文件或者投标报价，但招标文件要求提交备选投标的除外；

（五）投标报价低于成本或者高于招标文件设定的最高投标限价；

（六）投标文件没有对招标文件的实质性要求和条件作出响应；

（七）投标人有串通投标、弄虚作假、行贿等违法行为。

第五十二条　投标文件中有含义不明确的内容、明显文字或者计算错误，评标委员会认为需要投标人作出必要澄清、说明的，应当书面通知该投标人。投标人的澄清、说明应当采用书面形式，并不得超出投标文件的范围或者改变投标文件的实质性内容。

评标委员会不得暗示或者诱导投标人作出澄清、说明，不得接受投标人主动提出的澄清、说明。

第五十三条　评标完成后，评标委员会应当向招标人提交书面评标报告和中标候选人名单。中标候选人应当不超过3个，并标明排序。

评标报告应当由评标委员会全体成员签字。对评标结果有不同意见的评标委员会成员应当以书面形式说明其不同意见和理由，评标报告应当注明该不同意见。评标委员会成员拒绝在评标报告上签字又不书面说明其不同意见和理由的，视为同意评标结果。

第五十四条　依法必须进行招标的项目，招标人应当自收到评标报告之日起3日内公示中标候选人，公示期不得少于3日。

投标人或者其他利害关系人对依法必须进行招标的项目的评标结果有异议的，应当在中标候选人公示期间提出。招标人应当自收到异议之日起3日内作出答复；作出答复前，应当暂停招标投标活动。

第五十五条　国有资金占控股或者主导地位的依法必须进行招标的项目，招标人应当确定排名第一的中标候选人为中标人。排名第一的中标候选人放弃中标、因不可抗力不能履行合同、不按照招标文件要求提交履约保证金，或者被查实存在影响中标结果的违法行为等情形，不符合中标条件的，招标人可以按照评标委员会提出的中标候选人名单排序依次确定其他中标候选人为中标人，也可以重新招标。

第五十六条　中标候选人的经营、财务状况发生较大变化或者存在违法行为，招标人认为可能影响其履约能力的，应当在发出中标通知书前由原评标委员会按照招标文件规定的标准和方法审查确认。

第五十七条　招标人和中标人应当依照招标投标法和本条例的规定签订书面合同，合同的标的、价款、质量、履行期限等主要条款应当与招标文件和中标人的投标文件的内容一致。招标人和中标人不得再行订立背离合同实质性内容的其他协议。

招标人最迟应当在书面合同签订后5日内向中标人和未中标的投标人退还投标保证金及银行同期存款利息。

第五十八条　招标文件要求中标人提交履约保证金的，中标人应当按照招标文件的要求提交。履约保证金不得超过中标合同金额的10%。

第五十九条　中标人应当按照合同约定履行义务，完成中标项目。中标人不得向他人转让中标项目，也不得将中标项目肢解后分别向他人转让。

中标人按照合同约定或者经招标人同意，可以将中标项目的部分非主体、非关键性工作分包给他人完成。接受分包的人应当具备相应的资格条件，并不得再次分包。

中标人应当就分包项目向招标人负责，接受分包的人就分包项目承担连带责任。

第五章　投诉与处理

第六十条　投标人或者其他利害关系人认为招标投标活动不符合法律、行政法规规定的，可以自知道或者应当知道之日起 10 日内向有关行政监督部门投诉。投诉应当有明确的请求和必要的证明材料。

就本条例第二十二条、第四十四条、第五十四条规定事项投诉的，应当先向招标人提出异议，异议答复期间不计算在前款规定的期限内。

第六十一条　投诉人就同一事项向两个以上有权受理的行政监督部门投诉的，由最先收到投诉的行政监督部门负责处理。

行政监督部门应当自收到投诉之日起 3 个工作日内决定是否受理投诉，并自受理投诉之日起 30 个工作日内作出书面处理决定；需要检验、检测、鉴定、专家评审的，所需时间不计算在内。

投诉人捏造事实、伪造材料或者以非法手段取得证明材料进行投诉的，行政监督部门应当予以驳回。

第六十二条　行政监督部门处理投诉，有权查阅、复制有关文件、资料，调查有关情况，相关单位和人员应当予以配合。必要时，行政监督部门可以责令暂停招标投标活动。

行政监督部门的工作人员对监督检查过程中知悉的国家秘密、商业秘密，应当依法予以保密。

第六章　法　律　责　任

第六十三条　招标人有下列限制或者排斥潜在投标人行为之一的，

由有关行政监督部门依照招标投标法第五十一条的规定处罚：

（一）依法应当公开招标的项目不按照规定在指定媒介发布资格预审公告或者招标公告；

（二）在不同媒介发布的同一招标项目的资格预审公告或者招标公告的内容不一致，影响潜在投标人申请资格预审或者投标。

依法必须进行招标的项目的招标人不按照规定发布资格预审公告或者招标公告，构成规避招标的，依照招标投标法第四十九条的规定处罚。

第六十四条　招标人有下列情形之一的，由有关行政监督部门责令改正，可以处10万元以下的罚款：

（一）依法应当公开招标而采用邀请招标；

（二）招标文件、资格预审文件的发售、澄清、修改的时限，或者确定的提交资格预审申请文件、投标文件的时限不符合招标投标法和本条例规定；

（三）接受未通过资格预审的单位或者个人参加投标；

（四）接受应当拒收的投标文件。

招标人有前款第一项、第三项、第四项所列行为之一的，对单位直接负责的主管人员和其他直接责任人员依法给予处分。

第六十五条　招标代理机构在所代理的招标项目中投标、代理投标或者向该项目投标人提供咨询的，接受委托编制标底的中介机构参加受托编制标底项目的投标或者为该项目的投标人编制投标文件、提供咨询的，依照招标投标法第五十条的规定追究法律责任。

第六十六条　招标人超过本条例规定的比例收取投标保证金、履约保证金或者不按照规定退还投标保证金及银行同期存款利息的，由有关行政监督部门责令改正，可以处5万元以下的罚款；给他人造成损失的，依法承担赔偿责任。

第六十七条　投标人相互串通投标或者与招标人串通投标的，投标人向招标人或者评标委员会成员行贿谋取中标的，中标无效；构成犯罪的，依法追究刑事责任；尚不构成犯罪的，依照招标投标法第五十三条的规定处罚。投标人未中标的，对单位的罚款金额按照招标项目合同金额依照招标投标法规定的比例计算。

投标人有下列行为之一的，属于招标投标法第五十三条规定的情节严重行为，由有关行政监督部门取消其1年至2年内参加依法必须进行招标的项目的投标资格：

（一）以行贿谋取中标；

（二）3年内2次以上串通投标；

（三）串通投标行为损害招标人、其他投标人或者国家、集体、公民的合法利益，造成直接经济损失30万元以上；

（四）其他串通投标情节严重的行为。

投标人自本条第二款规定的处罚执行期限届满之日起3年内又有该款所列违法行为之一的，或者串通投标、以行贿谋取中标情节特别严重的，由工商行政管理机关吊销营业执照。

法律、行政法规对串通投标报价行为的处罚另有规定的，从其规定。

第六十八条　投标人以他人名义投标或者以其他方式弄虚作假骗取中标的，中标无效；构成犯罪的，依法追究刑事责任；尚不构成犯罪的，依照招标投标法第五十四条的规定处罚。依法必须进行招标的项目的投标人未中标的，对单位的罚款金额按照招标项目合同金额依照招标投标法规定的比例计算。

投标人有下列行为之一的，属于招标投标法第五十四条规定的情节严重行为，由有关行政监督部门取消其1年至3年内参加依法必须进行招标的项目的投标资格：

（一）伪造、变造资格、资质证书或者其他许可证件骗取中标；

（二）3年内2次以上使用他人名义投标；

（三）弄虚作假骗取中标给招标人造成直接经济损失30万元以上；

（四）其他弄虚作假骗取中标情节严重的行为。

投标人自本条第二款规定的处罚执行期限届满之日起 3 年内又有该款所列违法行为之一的，或者弄虚作假骗取中标情节特别严重的，由工商行政管理机关吊销营业执照。

第六十九条 出让或者出租资格、资质证书供他人投标的，依照法律、行政法规的规定给予行政处罚；构成犯罪的，依法追究刑事责任。

第七十条 依法必须进行招标的项目的招标人不按照规定组建评标委员会，或者确定、更换评标委员会成员违反招标投标法和本条例规定的，由有关行政监督部门责令改正，可以处 10 万元以下的罚款，对单位直接负责的主管人员和其他直接责任人员依法给予处分；违法确定或者更换的评标委员会成员作出的评审结论无效，依法重新进行评审。

国家工作人员以任何方式非法干涉选取评标委员会成员的，依照本条例第八十条的规定追究法律责任。

第七十一条 评标委员会成员有下列行为之一的，由有关行政监督部门责令改正；情节严重的，禁止其在一定期限内参加依法必须进行招标的项目的评标；情节特别严重的，取消其担任评标委员会成员的资格：

（一）应当回避而不回避；

（二）擅离职守；

（三）不按照招标文件规定的评标标准和方法评标；

（四）私下接触投标人；

（五）向招标人征询确定中标人的意向或者接受任何单位或者个人明示或者暗示提出的倾向或者排斥特定投标人的要求；

（六）对依法应当否决的投标不提出否决意见；

（七）暗示或者诱导投标人作出澄清、说明或者接受投标人主动提出的澄清、说明；

（八）其他不客观、不公正履行职务的行为。

第七十二条 评标委员会成员收受投标人的财物或者其他好处的，

没收收受的财物，处 3000 元以上 5 万元以下的罚款，取消担任评标委员会成员的资格，不得再参加依法必须进行招标的项目的评标；构成犯罪的，依法追究刑事责任。

第七十三条　依法必须进行招标的项目的招标人有下列情形之一的，由有关行政监督部门责令改正，可以处中标项目金额 10‰以下的罚款；给他人造成损失的，依法承担赔偿责任；对单位直接负责的主管人员和其他直接责任人员依法给予处分：

（一）无正当理由不发出中标通知书；

（二）不按照规定确定中标人；

（三）中标通知书发出后无正当理由改变中标结果；

（四）无正当理由不与中标人订立合同；

（五）在订立合同时向中标人提出附加条件。

第七十四条　中标人无正当理由不与招标人订立合同，在签订合同时向招标人提出附加条件，或者不按照招标文件要求提交履约保证金的，取消其中标资格，投标保证金不予退还。对依法必须进行招标的项目的中标人，由有关行政监督部门责令改正，可以处中标项目金额 10‰以下的罚款。

第七十五条　招标人和中标人不按照招标文件和中标人的投标文件订立合同，合同的主要条款与招标文件、中标人的投标文件的内容不一致，或者招标人、中标人订立背离合同实质性内容的协议的，由有关行政监督部门责令改正，可以处中标项目金额 5‰以上 10‰以下的罚款。

第七十六条　中标人将中标项目转让给他人的，将中标项目肢解后分别转让给他人的，违反招标投标法和本条例规定将中标项目的部分主体、关键性工作分包给他人的，或者分包人再次分包的，转让、分包无效，处转让、分包项目金额 5‰以上 10‰以下的罚款；有违法所得的，并处没收违法所得；可以责令停业整顿；情节严重的，由工商行政管理机关吊销营业执照。

第七十七条　投标人或者其他利害关系人捏造事实、伪造材料或者以非法手段取得证明材料进行投诉，给他人造成损失的，依法承担赔偿责任。

招标人不按照规定对异议作出答复，继续进行招标投标活动的，由有关行政监督部门责令改正，拒不改正或者不能改正并影响中标结果的，依照本条例第八十一条的规定处理。

第七十八条　国家建立招标投标信用制度。有关行政监督部门应当依法公告对招标人、招标代理机构、投标人、评标委员会成员等当事人违法行为的行政处理决定。

第七十九条　项目审批、核准部门不依法审批、核准项目招标范围、招标方式、招标组织形式的，对单位直接负责的主管人员和其他直接责任人员依法给予处分。

有关行政监督部门不依法履行职责，对违反招标投标法和本条例规定的行为不依法查处，或者不按照规定处理投诉、不依法公告对招标投标当事人违法行为的行政处理决定的，对直接负责的主管人员和其他直接责任人员依法给予处分。

项目审批、核准部门和有关行政监督部门的工作人员徇私舞弊、滥用职权、玩忽职守，构成犯罪的，依法追究刑事责任。

第八十条　国家工作人员利用职务便利，以直接或者间接、明示或者暗示等任何方式非法干涉招标投标活动，有下列情形之一的，依法给予记过或者记大过处分；情节严重的，依法给予降级或者撤职处分；情节特别严重的，依法给予开除处分；构成犯罪的，依法追究刑事责任：

（一）要求对依法必须进行招标的项目不招标，或者要求对依法应当公开招标的项目不公开招标；

（二）要求评标委员会成员或者招标人以其指定的投标人作为中标候选人或者中标人，或者以其他方式非法干涉评标活动，影响中标结果；

（三）以其他方式非法干涉招标投标活动。

第八十一条　依法必须进行招标的项目的招标投标活动违反招标

投标法和本条例的规定，对中标结果造成实质性影响，且不能采取补救措施予以纠正的，招标、投标、中标无效，应当依法重新招标或者评标。

第七章　附　　则

第八十二条　招标投标协会按照依法制定的章程开展活动，加强行业自律和服务。

第八十三条　政府采购的法律、行政法规对政府采购货物、服务的招标投标另有规定的，从其规定。

第八十四条　本条例自 2012 年 2 月 1 日起施行。

电子招标投标办法

· 2013 年 2 月 4 日国家发展和改革委员会、工业和信息化部、监察部①、住房和城乡建设部、交通运输部、铁道部②、水利部、商务部令第 20 号公布

· 自 2013 年 5 月 1 日起施行

第一章　总　　则

第一条　为了规范电子招标投标活动，促进电子招标投标健康发展，根据《中华人民共和国招标投标法》、《中华人民共和国招标投标法实施条例》（以下分别简称招标投标法、招标投标法实施条例），制定本办法。

第二条　在中华人民共和国境内进行电子招标投标活动，适用本办法。

① 已撤销。
② 已撤销。

本办法所称电子招标投标活动是指以数据电文形式，依托电子招标投标系统完成的全部或者部分招标投标交易、公共服务和行政监督活动。

数据电文形式与纸质形式的招标投标活动具有同等法律效力。

第三条　电子招标投标系统根据功能的不同，分为交易平台、公共服务平台和行政监督平台。

交易平台是以数据电文形式完成招标投标交易活动的信息平台。公共服务平台是满足交易平台之间信息交换、资源共享需要，并为市场主体、行政监督部门和社会公众提供信息服务的信息平台。行政监督平台是行政监督部门和监察机关在线监督电子招标投标活动的信息平台。

电子招标投标系统的开发、检测、认证、运营应当遵守本办法及所附《电子招标投标系统技术规范》（以下简称技术规范）。

第四条　国务院发展改革部门负责指导协调全国电子招标投标活动，各级地方人民政府发展改革部门负责指导协调本行政区域内电子招标投标活动。各级人民政府发展改革、工业和信息化、住房城乡建设、交通运输、铁道、水利、商务等部门，按照规定的职责分工，对电子招标投标活动实施监督，依法查处电子招标投标活动中的违法行为。

依法设立的招标投标交易场所的监管机构负责督促、指导招标投标交易场所推进电子招标投标工作，配合有关部门对电子招标投标活动实施监督。

省级以上人民政府有关部门对本行政区域内电子招标投标系统的建设、运营，以及相关检测、认证活动实施监督。

监察机关依法对与电子招标投标活动有关的监察对象实施监察。

第二章　电子招标投标交易平台

第五条　电子招标投标交易平台按照标准统一、互联互通、公开透明、安全高效的原则以及市场化、专业化、集约化方向建设和运营。

第六条　依法设立的招标投标交易场所、招标人、招标代理机构以及其他依法设立的法人组织可以按行业、专业类别，建设和运营电子招标投标交易平台。国家鼓励电子招标投标交易平台平等竞争。

第七条　电子招标投标交易平台应当按照本办法和技术规范规定，具备下列主要功能：

（一）在线完成招标投标全部交易过程；

（二）编辑、生成、对接、交换和发布有关招标投标数据信息；

（三）提供行政监督部门和监察机关依法实施监督和受理投诉所需的监督通道；

（四）本办法和技术规范规定的其他功能。

第八条　电子招标投标交易平台应当按照技术规范规定，执行统一的信息分类和编码标准，为各类电子招标投标信息的互联互通和交换共享开放数据接口、公布接口要求。

电子招标投标交易平台接口应当保持技术中立，与各类需要分离开发的工具软件相兼容对接，不得限制或者排斥符合技术规范规定的工具软件与其对接。

第九条　电子招标投标交易平台应当允许社会公众、市场主体免费注册登录和获取依法公开的招标投标信息，为招标投标活动当事人、行政监督部门和监察机关按各自职责和注册权限登录使用交易平台提供必要条件。

第十条　电子招标投标交易平台应当依照《中华人民共和国认证认可条例》等有关规定进行检测、认证，通过检测、认证的电子招标投标交易平台应当在省级以上电子招标投标公共服务平台上公布。

电子招标投标交易平台服务器应当设在中华人民共和国境内。

第十一条　电子招标投标交易平台运营机构应当是依法成立的法人，拥有一定数量的专职信息技术、招标专业人员。

第十二条　电子招标投标交易平台运营机构应当根据国家有关法律法规及技术规范，建立健全电子招标投标交易平台规范运行和安全管理制度，加强监控、检测，及时发现和排除隐患。

第十三条　电子招标投标交易平台运营机构应当采用可靠的身份识别、权限控制、加密、病毒防范等技术，防范非授权操作，保证交易平台的安全、稳定、可靠。

第十四条　电子招标投标交易平台运营机构应当采取有效措施，验证初始录入信息的真实性，并确保数据电文不被篡改、不遗漏和可追溯。

第十五条　电子招标投标交易平台运营机构不得以任何手段限制或者排斥潜在投标人，不得泄露依法应当保密的信息，不得弄虚作假、串通投标或者为弄虚作假、串通投标提供便利。

第三章　电 子 招 标

第十六条　招标人或者其委托的招标代理机构应当在其使用的电子招标投标交易平台注册登记，选择使用除招标人或招标代理机构之外第三方运营的电子招标投标交易平台的，还应当与电子招标投标交易平台运营机构签订使用合同，明确服务内容、服务质量、服务费用等权利和义务，并对服务过程中相关信息的产权归属、保密责任、存档等依法作出约定。

电子招标投标交易平台运营机构不得以技术和数据接口配套为由，要求潜在投标人购买指定的工具软件。

第十七条　招标人或者其委托的招标代理机构应当在资格预审公告、招标公告或者投标邀请书中载明潜在投标人访问电子招标投标交易平台的网络地址和方法。依法必须进行公开招标项目的上述相关公告应当在电子招标投标交易平台和国家指定的招标公告媒介同步发布。

第十八条　招标人或者其委托的招标代理机构应当及时将数据电文形式的资格预审文件、招标文件加载至电子招标投标交易平台，供潜在投标人下载或者查阅。

第十九条　数据电文形式的资格预审公告、招标公告、资格预审文件、招标文件等应当标准化、格式化，并符合有关法律法规以及国家有关部门颁发的标准文本的要求。

第二十条　除本办法和技术规范规定的注册登记外，任何单位和个人不得在招标投标活动中设置注册登记、投标报名等前置条件限制潜在投标人下载资格预审文件或者招标文件。

第二十一条　在投标截止时间前，电子招标投标交易平台运营机构不得向招标人或者其委托的招标代理机构以外的任何单位和个人泄露下载资格预审文件、招标文件的潜在投标人名称、数量以及可能影响公平竞争的其他信息。

第二十二条　招标人对资格预审文件、招标文件进行澄清或者修改的，应当通过电子招标投标交易平台以醒目的方式公告澄清或者修改的内容，并以有效方式通知所有已下载资格预审文件或者招标文件的潜在投标人。

第四章　电　子　投　标

第二十三条　电子招标投标交易平台的运营机构，以及与该机构有控股或者管理关系可能影响招标公正性的任何单位和个人，不得在该交易平台进行的招标项目中投标和代理投标。

第二十四条　投标人应当在资格预审公告、招标公告或者投标邀请书载明的电子招标投标交易平台注册登记，如实递交有关信息，并经电子招标投标交易平台运营机构验证。

第二十五条　投标人应当通过资格预审公告、招标公告或者投标邀请书载明的电子招标投标交易平台递交数据电文形式的资格预审申请文件或者投标文件。

第二十六条　电子招标投标交易平台应当允许投标人离线编制投标文件，并且具备分段或者整体加密、解密功能。

投标人应当按照招标文件和电子招标投标交易平台的要求编制并加密投标文件。

投标人未按规定加密的投标文件，电子招标投标交易平台应当拒收并提示。

第二十七条 投标人应当在投标截止时间前完成投标文件的传输递交，并可以补充、修改或者撤回投标文件。投标截止时间前未完成投标文件传输的，视为撤回投标文件。投标截止时间后送达的投标文件，电子招标投标交易平台应当拒收。

电子招标投标交易平台收到投标人送达的投标文件，应当即时向投标人发出确认回执通知，并妥善保存投标文件。在投标截止时间前，除投标人补充、修改或者撤回投标文件外，任何单位和个人不得解密、提取投标文件。

第二十八条 资格预审申请文件的编制、加密、递交、传输、接收确认等，适用本办法关于投标文件的规定。

第五章 电子开标、评标和中标

第二十九条 电子开标应当按照招标文件确定的时间，在电子招标投标交易平台上公开进行，所有投标人均应当准时在线参加开标。

第三十条 开标时，电子招标投标交易平台自动提取所有投标文件，提示招标人和投标人按招标文件规定方式按时在线解密。解密全部完成后，应当向所有投标人公布投标人名称、投标价格和招标文件规定的其他内容。

第三十一条 因投标人原因造成投标文件未解密的，视为撤销其投标文件；因投标人之外的原因造成投标文件未解密的，视为撤回其投标文件，投标人有权要求责任方赔偿因此遭受的直接损失。部分投标文件未解密的，其他投标文件的开标可以继续进行。

招标人可以在招标文件中明确投标文件解密失败的补救方案，投标文件应按照招标文件的要求作出响应。

第三十二条 电子招标投标交易平台应当生成开标记录并向社会公众公布，但依法应当保密的除外。

第三十三条 电子评标应当在有效监控和保密的环境下在线进行。

根据国家规定应当进入依法设立的招标投标交易场所的招标项目，评标委员会成员应当在依法设立的招标投标交易场所登录招标项目所使用的电子招标投标交易平台进行评标。

评标中需要投标人对投标文件澄清或者说明的，招标人和投标人应当通过电子招标投标交易平台交换数据电文。

第三十四条 评标委员会完成评标后，应当通过电子招标投标交易平台向招标人提交数据电文形式的评标报告。

第三十五条 依法必须进行招标的项目中标候选人和中标结果应当在电子招标投标交易平台进行公示和公布。

第三十六条 招标人确定中标人后，应当通过电子招标投标交易平台以数据电文形式向中标人发出中标通知书，并向未中标人发出中标结果通知书。

招标人应当通过电子招标投标交易平台，以数据电文形式与中标人签订合同。

第三十七条 鼓励招标人、中标人等相关主体及时通过电子招标投标交易平台递交和公布中标合同履行情况的信息。

第三十八条 资格预审申请文件的解密、开启、评审、发出结果通知书等，适用本办法关于投标文件的规定。

第三十九条 投标人或者其他利害关系人依法对资格预审文件、招标文件、开标和评标结果提出异议，以及招标人答复，均应当通过电子招标投标交易平台进行。

第四十条 招标投标活动中的下列数据电文应当按照《中华人民共和国电子签名法》和招标文件的要求进行电子签名并进行电子存档：

（一）资格预审公告、招标公告或者投标邀请书；

（二）资格预审文件、招标文件及其澄清、补充和修改；

（三）资格预审申请文件、投标文件及其澄清和说明；

（四）资格审查报告、评标报告；

（五）资格预审结果通知书和中标通知书；

（六）合同；

（七）国家规定的其他文件。

第六章　信息共享与公共服务

第四十一条　电子招标投标交易平台应当依法及时公布下列主要信息：

（一）招标人名称、地址、联系人及联系方式；

（二）招标项目名称、内容范围、规模、资金来源和主要技术要求；

（三）招标代理机构名称、资格、项目负责人及联系方式；

（四）投标人名称、资质和许可范围、项目负责人；

（五）中标人名称、中标金额、签约时间、合同期限；

（六）国家规定的公告、公示和技术规范规定公布和交换的其他信息。

鼓励招标投标活动当事人通过电子招标投标交易平台公布项目完成质量、期限、结算金额等合同履行情况。

第四十二条　各级人民政府有关部门应当按照《中华人民共和国政府信息公开条例》等规定，在本部门网站及时公布并允许下载下列信息：

（一）有关法律法规规章及规范性文件；

（二）取得相关工程、服务资质证书或货物生产、经营许可证的单位名称、营业范围及年检情况；

（三）取得有关职称、职业资格的从业人员的姓名、电子证书编号；

（四）对有关违法行为作出的行政处理决定和招标投标活动的投诉处理情况；

（五）依法公开的工商、税务、海关、金融等相关信息。

第四十三条　设区的市级以上人民政府发展改革部门会同有关部门，按照政府主导、共建共享、公益服务的原则，推动建立本地区统一的电子招标投标公共服务平台，为电子招标投标交易平台、招标投标活动当事人、社会公众和行政监督部门、监察机关提供信息服务。

第四十四条 电子招标投标公共服务平台应当按照本办法和技术规范规定，具备下列主要功能：

（一）链接各级人民政府及其部门网站，收集、整合和发布有关法律法规规章及规范性文件、行政许可、行政处理决定、市场监管和服务的相关信息；

（二）连接电子招标投标交易平台、国家规定的公告媒介，交换、整合和发布本办法第四十一条规定的信息；

（三）连接依法设立的评标专家库，实现专家资源共享；

（四）支持不同电子认证服务机构数字证书的兼容互认；

（五）提供行政监督部门和监察机关依法实施监督、监察所需的监督通道；

（六）整合分析相关数据信息，动态反映招标投标市场运行状况、相关市场主体业绩和信用情况。

属于依法必须公开的信息，公共服务平台应当无偿提供。

公共服务平台应同时遵守本办法第八条至第十五条规定。

第四十五条 电子招标投标交易平台应当按照本办法和技术规范规定，在任一电子招标投标公共服务平台注册登记，并向电子招标投标公共服务平台及时提供本办法第四十一条规定的信息，以及双方协商确定的其他信息。

电子招标投标公共服务平台应当按照本办法和技术规范规定，开放数据接口、公布接口要求，与电子招标投标交易平台及时交换招标投标活动所必需的信息，以及双方协商确定的其他信息。

电子招标投标公共服务平台应当按照本办法和技术规范规定，开放数据接口、公布接口要求，与上一层级电子招标投标公共服务平台连接并注册登记，及时交换本办法第四十四条规定的信息，以及双方协商确定的其他信息。

电子招标投标公共服务平台应当允许社会公众、市场主体免费注册登录和获取依法公开的招标投标信息，为招标人、投标人、行政监督部门和监察机关按各自职责和注册权限登录使用公共服务平台提供必要条件。

第七章 监 督 管 理

第四十六条 电子招标投标活动及相关主体应当自觉接受行政监督部门、监察机关依法实施的监督、监察。

第四十七条 行政监督部门、监察机关结合电子政务建设，提升电子招标投标监督能力，依法设置并公布有关法律法规规章、行政监督的依据、职责权限、监督环节、程序和时限、信息交换要求和联系方式等相关内容。

第四十八条 电子招标投标交易平台和公共服务平台应当按照本办法和技术规范规定，向行政监督平台开放数据接口、公布接口要求，按有关规定及时对接交换和公布有关招标投标信息。

行政监督平台应当开放数据接口，公布数据接口要求，不得限制和排斥已通过检测认证的电子招标投标交易平台和公共服务平台与其对接交换信息，并参照执行本办法第八条至第十五条的有关规定。

第四十九条 电子招标投标交易平台应当依法设置电子招标投标工作人员的职责权限，如实记录招标投标过程、数据信息来源，以及每一操作环节的时间、网络地址和工作人员，并具备电子归档功能。

电子招标投标公共服务平台应当记录和公布相关交换数据信息的来源、时间并进行电子归档备份。

任何单位和个人不得伪造、篡改或者损毁电子招标投标活动信息。

第五十条 行政监督部门、监察机关及其工作人员，除依法履行职责外，不得干预电子招标投标活动，并遵守有关信息保密的规定。

第五十一条 投标人或者其他利害关系人认为电子招标投标活动不符合有关规定的，通过相关行政监督平台进行投诉。

第五十二条　行政监督部门和监察机关在依法监督检查招标投标活动或者处理投诉时，通过其平台发出的行政监督或者行政监察指令，招标投标活动当事人和电子招标投标交易平台、公共服务平台的运营机构应当执行，并如实提供相关信息，协助调查处理。

第八章　法律责任

第五十三条　电子招标投标系统有下列情形的，责令改正；拒不改正的，不得交付使用，已经运营的应当停止运营。

（一）不具备本办法及技术规范规定的主要功能；

（二）不向行政监督部门和监察机关提供监督通道；

（三）不执行统一的信息分类和编码标准；

（四）不开放数据接口、不公布接口要求；

（五）不按照规定注册登记、对接、交换、公布信息；

（六）不满足规定的技术和安全保障要求；

（七）未按照规定通过检测和认证。

第五十四条　招标人或者电子招标投标系统运营机构存在以下情形的，视为限制或者排斥潜在投标人，依照招标投标法第五十一条规定处罚。

（一）利用技术手段对享有相同权限的市场主体提供有差别的信息；

（二）拒绝或者限制社会公众、市场主体免费注册并获取依法必须公开的招标投标信息；

（三）违规设置注册登记、投标报名等前置条件；

（四）故意与各类需要分离开发并符合技术规范规定的工具软件不兼容对接；

（五）故意对递交或者解密投标文件设置障碍。

第五十五条　电子招标投标交易平台运营机构有下列情形的，责令改正，并按照有关规定处罚。

（一）违反规定要求投标人注册登记、收取费用；

（二）要求投标人购买指定的工具软件；

（三）其他侵犯招标投标活动当事人合法权益的情形。

第五十六条 电子招标投标系统运营机构向他人透露已获取招标文件的潜在投标人的名称、数量、投标文件内容或者对投标文件的评审和比较以及其他可能影响公平竞争的招标投标信息，参照招标投标法第五十二条关于招标人泄密的规定予以处罚。

第五十七条 招标投标活动当事人和电子招标投标系统运营机构协助招标人、投标人串通投标的，依照招标投标法第五十三条和招标投标法实施条例第六十七条规定处罚。

第五十八条 招标投标活动当事人和电子招标投标系统运营机构伪造、篡改、损毁招标投标信息，或者以其他方式弄虚作假的，依照招标投标法第五十四条和招标投标法实施条例第六十八条规定处罚。

第五十九条 电子招标投标系统运营机构未按照本办法和技术规范规定履行初始录入信息验证义务，造成招标投标活动当事人损失的，应当承担相应的赔偿责任。

第六十条 有关行政监督部门及其工作人员不履行职责，或者利用职务便利非法干涉电子招标投标活动的，依照有关法律法规处理。

第九章 附 则

第六十一条 招标投标协会应当按照有关规定，加强电子招标投标活动的自律管理和服务。

第六十二条 电子招标投标某些环节需要同时使用纸质文件的，应当在招标文件中明确约定；当纸质文件与数据电文不一致时，除招标文件特别约定外，以数据电文为准。

第六十三条 本办法未尽事宜，按照有关法律、法规、规章执行。

第六十四条 本办法由国家发展和改革委员会会同有关部门负责解释。

第六十五条 技术规范作为本办法的附件，与本办法具有同等效力。

　　第六十六条　本办法自 2013 年 5 月 1 日起施行。

　　附件:《电子招标投标系统技术规范—第 1 部分》(略)

实用附录

中华人民共和国
简明标准施工招标文件

（2012 年版）*

---

　　* 本文件由国家发改委等部门于 2011 年 12 月 20 日印发，自 2012 年 5 月 1 日起实施。文件中的"投标人须知"（投标人须知前附表和其他附表除外）、"评标办法"（评标办法前附表除外）、"通用合同条款"，应当不加修改地引用。因出现新情况，需要对文件不加修改地引用的内容作出解释或修改的，由国家发展改革委会同国务院有关部门作出解释或修改。解释和修改与文件具有同等效力。

使用说明

一、《简明标准施工招标文件》适用于工期不超过 12 个月、技术相对简单、且设计和施工不是由同一承包人承担的小型项目施工招标。

二、《简明标准施工招标文件》用相同序号标示的章、节、条、款、项、目，供招标人和投标人选择使用；以空格标示的由招标人填写的内容，招标人应根据招标项目具体特点和实际需要具体化，确实没有需要填写的，在空格中用"/"标示。

三、招标人按照《简明标准施工招标文件》第一章的格式发布招标公告或发出投标邀请书后，将实际发布的招标公告或实际发出的投标邀请书编入出售的招标文件中，作为投标邀请。其中，招标公告应同时注明发布所在的所有媒介名称。

四、《简明标准施工招标文件》第三章"评标办法"分别规定经评审的最低投标价法和综合评估法两种评标方法，供招标人根据招标项目具体特点和实际需要选择适用。招标人选择适用综合评估法的，各评审因素的评审标准、分值和权重等由招标人自主确定。国务院有关部门对各评审因素的评审标准、分值和权重等有规定的，从其规定。

第三章"评标办法"前附表应列明全部评审因素和评审标准，并在本章前附表标明投标人不满足要求即否决其投标的全部条款。

五、《简明标准施工招标文件》第五章"工程量清单"，由招标人根据工程量清单的国家标准、行业标准，以及招标项目具体特点和实际需要编制，并与"投标人须知"、"通用合同条款"、"专用合同条款"、"技术标准和要求"、"图纸"相衔接。本章所附表格可根据有关规定作相应的调整和补充。

六、《简明标准施工招标文件》第六章"图纸"，由招标人根据招标项目具体特点和实际需要编制，并与"投标人须知"、"通用合同条款"、"专用合同条款"、"技术标准和要求"相衔接。

七、《简明标准施工招标文件》第七章"技术标准和要求"由招标人根据招标项目具体特点和实际需要编制。"技术标准和要求"中的各项技术标准应符合国家强制性标准，不得要求或标明某一特定的专利、商标、名称、设计、原产地或生产供应者，不得含有倾向或者排斥潜在投标人的其他内容。如果必须引用某一生产供应者的技术标准才能准确或清楚地说明拟招标项目的技术标准时，则应当在参照后面加上"或相当于"字样。

八、招标人可根据招标项目具体特点和实际需要，参照《标准施工招标文件》、行业标准施工招标文件（如有），对《简明标准施工招标文件》做相应的补充和细化。

九、采用电子招标投标的，招标人应按照国家有关规定，结合项目具体情况，在招标文件中载明相应要求。

十、《简明标准施工招标文件》为2012年版，将根据实际执行过程中出现的问题及时进行修改。各使用单位或个人对《简明标准施工招标文件》的修改意见和建议，可向编制工作小组反映。

联系电话：（010）68502510

　　　　　　　　　　（项目名称）施工招标

招 标 文 件

招标人：＿＿＿＿＿＿＿＿＿＿（盖单位章）

＿＿＿＿＿年＿＿＿＿＿月＿＿＿＿＿日

目　　录

第三章　评标办法（经评审的最低投标价法） ·······

第一章　招标公告（适用于公开招标）

＿＿＿＿＿＿＿＿＿（项目名称）施工招标公告

1. 招标条件

本招标项目＿＿＿＿＿（项目名称）已由＿＿＿＿＿（项目审批、核准或备案机关名称）以＿＿＿＿＿（批文名称及编号）批准建设，项目业主为＿＿＿＿＿，建设资金来自＿＿＿＿＿（资金来源），项目出资比例为＿＿＿＿＿，招标人为＿＿＿＿＿。项目已具备招标条件，现对该项目施工进行公开招标。

2. 项目概况与招标范围

＿＿＿＿＿＿＿＿＿（说明本次招标项目的建设地点、规模、计划工期、招标范围等）。

3. 投标人资格要求

本次招标要求投标人须具备＿＿＿＿＿资质，并在人员、设备、资金等方面具有相应的施工能力。

4. 招标文件的获取

4.1 凡有意参加投标者，请于＿＿＿＿＿年＿＿＿＿＿月＿＿＿＿＿日至＿＿＿＿＿年＿＿＿＿＿月＿＿＿＿＿日，每日上午＿＿＿＿＿时至＿＿＿＿＿时，下午＿＿＿＿＿时至＿＿＿＿＿时（北京时间，下同），在＿＿＿＿＿（详细地址）持单位介绍信购买招标文件。

4.2 招标文件每套售价_____元，售后不退。图纸资料押金_____元，在退还图纸资料时退还（不计利息）。

4.3 邮购招标文件的，需另加手续费（含邮费）_____元。招标人在收到单位介绍信和邮购款（含手续费）后_____日内寄送。

5. 投标文件的递交

5.1 投标文件递交的截止时间（投标截止时间，下同）为_____年_____月_____日_____时_____分，地点为_____。

5.2 逾期送达的或者未送达指定地点的投标文件，招标人不予受理。

6. 发布公告的媒介

本次招标公告同时在_____（发布公告的媒介名称）上发布。

7. 联系方式

招 标 人：_____招标代理机构：_____
地　　址：_____地　　址：_____
邮　　编：_____邮　　编：_____
联 系 人：_____联 系 人：_____
电　　话：_____电　　话：_____
传　　真：_____传　　真：_____
电子邮件：_____电子邮件：_____
网　　址：_____网　　址：_____
开户银行：_____开户银行：_____
账　　号：_____账　　号：_____

_____年____月____日

第一章　投标邀请书（适用于邀请招标）

＿＿＿＿＿＿＿＿（项目名称）施工投标邀请书

＿＿＿＿＿＿＿＿（被邀请单位名称）：

1. 招标条件

本招标项目＿＿＿＿＿（项目名称）已由＿＿＿＿＿（项目审批、核准或备案机关名称）以＿＿＿＿＿（批文名称及编号）批准建设，项目业主为＿＿＿＿＿，建设资金来自＿＿＿＿＿（资金来源），出资比例为＿＿＿＿＿，招标人为＿＿＿＿＿。项目已具备招标条件，现邀请你单位参加该项目施工投标。

2. 项目概况与招标范围

＿＿＿＿＿＿＿＿（说明本次招标项目的建设地点、规模、计划工期、招标范围等）。

3. 投标人资格要求

本次招标要求投标人具备＿＿＿＿＿资质，并在人员、设备、资金等方面具有相应的施工能力。

4. 招标文件的获取

4.1 请于＿＿＿＿年＿＿＿＿月＿＿＿＿日至＿＿＿＿年＿＿＿＿月＿＿＿＿日，每日上午＿＿＿＿时至＿＿＿＿时，下午＿＿＿＿时至＿＿＿＿时（北京时间，下同），在＿＿＿＿＿＿（详细地址）持本投标邀请书购买招标文件。

4.2 招标文件每套售价＿＿＿＿＿元，售后不退。图纸资料押金＿＿＿＿＿元，在退还图纸资料时退还（不计利息）。

4.3 邮购招标文件的，需另加手续费（含邮费）＿＿＿＿＿元。招标人在收到邮购款（含手续费）后＿＿＿＿＿日内寄送。

5. 投标文件的递交

5.1 投标文件递交的截止时间（投标截止时间，下同）为＿＿＿＿＿年＿＿＿＿＿月＿＿＿＿＿日＿＿＿＿＿时＿＿＿＿＿分，地点为＿＿＿＿＿。

5.2 逾期送达的或者未送达指定地点的投标文件，招标人不予受理。

6. 确认

你单位收到本投标邀请书后，请于＿＿＿＿＿＿（具体时间）前以传真或快递方式予以确认是否参加投标。

7. 联系方式

招 标 人：＿＿＿＿＿＿＿招标代理机构：＿＿＿＿＿＿＿
地　　　址：＿＿＿＿＿＿＿地　　　址：＿＿＿＿＿＿＿
邮　　　编：＿＿＿＿＿＿＿邮　　　编：＿＿＿＿＿＿＿
联 系 人：＿＿＿＿＿＿＿联 系 人：＿＿＿＿＿＿＿
电　　　话：＿＿＿＿＿＿＿电　　　话：＿＿＿＿＿＿＿
传　　　真：＿＿＿＿＿＿＿传　　　真：＿＿＿＿＿＿＿
电 子 邮 件：＿＿＿＿＿＿＿电 子 邮 件：＿＿＿＿＿＿＿
网　　　址：＿＿＿＿＿＿＿网　　　址：＿＿＿＿＿＿＿
开 户 银 行：＿＿＿＿＿＿＿开 户 银 行：＿＿＿＿＿＿＿
账　　　号：＿＿＿＿＿＿＿账　　　号：＿＿＿＿＿＿＿

＿＿＿＿＿年＿＿＿＿＿月＿＿＿＿＿日

附件：确认通知

确 认 通 知

_____ (招标人名称)：

    我方已于_____年_____月_____日收到你方_____年_____月_____日发出的_____（项目名称）关于_____的通知，并确认_____（参加/不参加）投标。

    特此确认。

被邀请单位名称：_____（盖单位章）

法定代表人：_____（签字）

_____年_____月_____日

第二章　投标人须知

投标人须知前附表

条款号	条款名称	编列内容
1.1.2	招标人	名称： 地址： 联系人： 电话：
1.1.3	招标代理机构	名称： 地址： 联系人： 电话：
1.1.4	项目名称	
1.1.5	建设地点	
1.2.1	资金来源及比例	
1.2.2	资金落实情况	
1.3.1	招标范围	
1.3.2	计划工期	计划工期：_____日历天 计划开工日期：___年___月___日 计划竣工日期：___年___月___日
1.3.3	质量要求	

1. 4. 1	投标人资质条件、能力	资质条件： 项目经理（建造师，下同）资格： 财务要求： 业绩要求： 其他要求：
1. 9. 1	踏勘现场	□不组织 □组织，踏勘时间： 踏勘集中地点：
1. 10. 1	投标预备会	□不召开 □召开，召开时间： 召开地点：
1. 10. 2	投标人提出问题的截止时间	
1. 10. 3	招标人书面澄清的时间	
1. 11	偏离	□不允许 □允许
2. 1	构成招标文件的其他材料	
2. 2. 1	投标人要求澄清招标文件的截止时间	
2. 2. 2	投标截止时间	___年___月___日___时___分
2. 2. 3	投标人确认收到招标文件澄清的时间	
2. 3. 2	投标人确认收到招标文件修改的时间	

3.1.1	构成投标文件的其他材料	
3.2.3	最高投标限价或其计算方法	
3.3.1	投标有效期	
3.4.1	投标保证金	□不要求递交投标保证金 □要求递交投标保证金 投标保证金的形式： 投标保证金的金额：
3.5.2	近年财务状况的年份要求	＿＿＿＿＿年
3.5.3	近年完成的类似项目的年份要求	＿＿＿＿＿年
3.6.3	签字或盖章要求	
3.6.4	投标文件副本份数	＿＿＿＿＿份
3.6.5	装订要求	
4.1.2	封套上应载明的信息	招标人地址： 招标人名称： ＿＿＿＿＿＿（项目名称）投标文件在＿＿＿＿年＿＿月＿＿日＿＿时＿＿分前不得开启

4.2.2	递交投标文件地点	
4.2.3	是否退还投标文件	□否 □是
5.1	开标时间和地点	开标时间：同投标截止时间 开标地点：
5.2	开标程序	密封情况检查： 开标顺序：
6.1.1	评标委员会的组建	评标委员会构成：____人，其中招标人代表___人，专家_____人； 评标专家确定方式：
7.1	是否授权评标委员会确定中标人	□是 □否，推荐的中标候选人数：
7.2	中标候选人公示媒介	
7.4.1	履约担保	履约担保的形式： 履约担保的金额：
9	需要补充的其他内容	
10	电子招标投标	□否 □是，具体要求：
……	……	

1. 总则

1.1 项目概况

1.1.1 根据《中华人民共和国招标投标法》等有关法律、法规和规章的规定，本招标项目已具备招标条件，现对本项目施工进行招标。

1.1.2 本招标项目招标人：见投标人须知前附表。

1.1.3 本招标项目招标代理机构：见投标人须知前附表。

1.1.4 本招标项目名称：见投标人须知前附表。

1.1.5 本招标项目建设地点：见投标人须知前附表。

1.2 资金来源和落实情况

1.2.1 本招标项目的资金来源及出资比例：见投标人须知前附表。

1.2.2 本招标项目的资金落实情况：见投标人须知前附表。

1.3 招标范围、计划工期、质量要求

1.3.1 本次招标范围：见投标人须知前附表。

1.3.2 本招标项目的计划工期：见投标人须知前附表。

1.3.3 本招标项目的质量要求：见投标人须知前附表。

1.4 投标人资格要求

1.4.1 投标人应具备承担本项目施工的资质条件、能力和信誉。

（1）资质条件：见投标人须知前附表；

（2）项目经理资格：见投标人须知前附表；

（3）财务要求：见投标人须知前附表；

（4）业绩要求：见投标人须知前附表；

（5）其他要求：见投标人须知前附表。

1.4.2 投标人不得存在下列情形之一：

（1）为招标人不具有独立法人资格的附属机构（单位）；

（2）为本招标项目前期准备提供设计或咨询服务的；

（3）为本招标项目的监理人；

（4）为本招标项目的代建人；

（5）为本招标项目提供招标代理服务的；

（6）与本招标项目的监理人或代建人或招标代理机构同为一个法定代表人的；

（7）与本招标项目的监理人或代建人或招标代理机构相互控股或参股的；

（8）与本招标项目的监理人或代建人或招标代理机构相互任职或工作的；

（9）被责令停业的；

（10）被暂停或取消投标资格的；

（11）财产被接管或冻结的；

（12）在最近三年内有骗取中标或严重违约或重大工程质量问题的。

1.4.3 单位负责人为同一人或者存在控股、管理关系的不同单位，不得同时参加本招标项目投标。

1.5 费用承担

投标人准备和参加投标活动发生的费用自理。

1.6 保密

参与招标投标活动的各方应对招标文件和投标文件中的商业和技术等秘密保密，违者应对由此造成的后果承担法律责任。

1.7 语言文字

招标投标文件使用的语言文字为中文。专用术语使用外文的，应附有中文注释。

1.8 计量单位

所有计量均采用中华人民共和国法定计量单位。

1.9 踏勘现场

1.9.1 投标人须知前附表规定组织踏勘现场的，招标人按投标人须知前附表规定的时间、地点组织投标人踏勘项目现场。

1.9.2 投标人踏勘现场发生的费用自理。

1.9.3 除招标人的原因外，投标人自行负责在踏勘现场中所发生的人员伤亡和财产损失。

1.9.4 招标人在踏勘现场中介绍的工程场地和相关的周边环境情况，供投标人在编制投标文件时参考，招标人不对投标人据此作出的判断和决策负责。

1.10 投标预备会

1.10.1 投标人须知前附表规定召开投标预备会的，招标人按投标人须知前附表规定的时间和地点召开投标预备会，澄清投标人提出的问题。

1.10.2 投标人应在投标人须知前附表规定的时间前，以书面形式将提出的问题送达招标人，以便招标人在会议期间澄清。

1.10.3 投标预备会后，招标人在投标人须知前附表规定的时间内，将对投标人所提问题的澄清，以书面形式通知所有购买招标文件的投标人。该澄清内容为招标文件的组成部分。

1.11 偏离

投标人须知前附表允许投标文件偏离招标文件某些要求的，偏离应当符合招标文件规定的偏离范围和幅度。

2. 招标文件

2.1 招标文件的组成

2.1.1 本招标文件包括：

（1）招标公告（或投标邀请书）；

（2）投标人须知；

（3）评标办法；

（4）合同条款及格式；

（5）工程量清单；

（6）图纸；

（7）技术标准和要求；

（8）投标文件格式；

（9）投标人须知前附表规定的其他材料。

2.1.2 根据本章第1.10款、第2.2款和第2.3款对招标文件所作的澄清、修改，构成招标文件的组成部分。

2.2 招标文件的澄清

2.2.1 投标人应仔细阅读和检查招标文件的全部内容。如发现缺页或附件不全，应及时向招标人提出，以便补齐。如有疑问，应在投标人须知前附表规定的时间前以书面形式（包括信函、电报、传真等可以有形地表现所载内容的形式，下同），要求招标人对招标文件予以澄清。

2.2.2 招标文件的澄清将以书面形式发给所有购买招标文件的投标人，但不指明澄清问题的来源。如果澄清发出的时间距投标人须知前附表规定的投标截止时间不足15天，并且澄清内容影响投标文件编制的，将相应延长投标截止时间。

2.2.3 投标人在收到澄清后，应在投标人须知前附表规定的时间内以书面形式通知招标人，确认已收到该澄清。

2.3 招标文件的修改

2.3.1 招标人可以书面形式修改招标文件，并通知所有已购买招标文件的投标人。但如果修改招标文件的时间距投标截止时间不足15天，并且修改内容影响投标文件编制的，将相应延长投标截止时间。

2.3.2 投标人收到修改内容后，应在投标人须知前附表规定的时间内以书面形式通知招标人，确认已收到该修改。

3. 投标文件

3.1 投标文件的组成

投标文件应包括下列内容：

（1）投标函及投标函附录；

（2）法定代表人身份证明或附有法定代表人身份证明的授权委托书；

（3）投标保证金；

（4）已标价工程量清单；

（5）施工组织设计；

（6）项目管理机构；

（7）资格审查资料；

（8）投标人须知前附表规定的其他材料。

3.2 投标报价

3.2.1 投标人应按第五章"工程量清单"的要求填写相应表格。

3.2.2 投标人在投标截止时间前修改投标函中的投标报价总额，应同时修改"已标价工程量清单"中的相应报价，投标报价总额为各分项金额之和。此修改须符合本章第4.3款的有关要求。

3.2.3 招标人设有最高投标限价的，投标人的投标报价不得超过最高投标限价，最高投标限价或其计算方法在投标人须知前附表中载明。

3.3 投标有效期

3.3.1 除投标人须知前附表另有规定外，投标有效期为60天。

3.3.2 在投标有效期内，投标人撤销或修改其投标文件的，应承担招标文件和法律规定的责任。

3.3.3 出现特殊情况需要延长投标有效期的，招标人以书面形式通知所有投标人延长投标有效期。投标人同意延长的，应相应延长其投标保证金的有效期，但不得要求或被允许修改或撤销其投标文件；投标人拒绝延长的，其投标失效，但投标人有权收回其投标保证金。

3.4 投标保证金

3.4.1 投标人须知前附表规定递交投标保证金的，投标人在递交投标文件的同时，应按投标人须知前附表规定的金额、担保形式和第八章"投标文件格式"规定的或者事先经过招标人认可的投标保证金格式递交投标保证金，并作为其投标文件的组成部分。

3.4.2 投标人不按本章第3.4.1项要求提交投标保证金的，评标委员会将否决其投标。

3.4.3 招标人与中标人签订合同后5日内，向未中标的投标人和中标人退还投标保证金及同期银行存款利息。

3.4.4 有下列情形之一的，投标保证金将不予退还：

（1）投标人在规定的投标有效期内撤销或修改其投标文件；

（2）中标人在收到中标通知书后，无正当理由拒签合同协议书或未按招标文件规定提交履约担保。

3.5 资格审查资料

3.5.1 "投标人基本情况表"应附投标人营业执照及其年检合格的证明材料、资质证书副本和安全生产许可证等材料的复印件。

3.5.2 "近年财务状况表"应附经会计师事务所或审计机构审计的财务会计报表，包括资产负债表、现金流量表、利润表和财务情况说明书等复印件，具体年份要求见投标人须知前附表。

3.5.3 "近年完成的类似项目情况表"应附中标通知书和（或）合同协议书、工程接收证书（工程竣工验收证书）复印件，具体年份要求见投标人须知前附表。每张表格只填写一个项目，并标明序号。

3.5.4 "正在施工和新承接的项目情况表"应附中标通知书和（或）合同协议书复印件。每张表格只填写一个项目，并标明序号。

3.6 投标文件的编制

3.6.1 投标文件应按第八章"投标文件格式"进行编写，如有必要，可以增加附页，作为投标文件的组成部分。其中，投标函附录在满足招标文件实质性要求的基础上，可以提出比招标文件要求更有利于招标人的承诺。

3.6.2 投标文件应当对招标文件有关工期、投标有效期、质量要求、技术标准和要求、招标范围等实质性内容作出响应。

3.6.3 投标文件应用不褪色的材料书写或打印，并由投标人的法定代表人或其委托代理人签字或盖单位章。委托代理人签字的，投标文件应附法定代表人签署的授权委托书。投标文件应尽量避免涂改、行间插字或删除。如果出现上述情况，改动之处应加盖单位章或由投标人的法定代表人或其授权的代理人签字确认。签字或盖章的具体要求见投标人须知前附表。

3.6.4 投标文件正本一份，副本份数见投标人须知前附表。正本和副本的封面上应清楚地标记"正本"或"副本"的字样。当副本和正本不一致时，以正本为准。

3.6.5 投标文件的正本与副本应分别装订成册，具体装订要求见投标人须知前附表规定。

4. 投标

4.1 投标文件的密封和标记

4.1.1 投标文件应进行包装、加贴封条，并在封套的封口处加盖投标人单位章。

4.1.2 投标文件封套上应写明的内容见投标人须知前附表。

4.1.3 未按本章第 4.1.1 项或第 4.1.2 项要求密封和加写标记的投标文件，招标人应予拒收。

4.2 投标文件的递交

4.2.1 投标人应在本章第 2.2.2 项规定的投标截止时间前递交投标文件。

4.2.2 投标人递交投标文件的地点：见投标人须知前附表。

4.2.3 除投标人须知前附表另有规定外，投标人所递交的投标文件不予退还。

4.2.4 招标人收到投标文件后，向投标人出具签收凭证。

4.2.5 逾期送达的或者未送达指定地点的投标文件，招标人不予受理。

4.3 投标文件的修改与撤回

4.3.1 在本章第 2.2.2 项规定的投标截止时间前，投标人可以修改或撤回已递交的投标文件，但应以书面形式通知招标人。

4.3.2 投标人修改或撤回已递交的投标文件的书面通知应按照本章第 3.6.3 项的要求签字或盖章。招标人收到书面通知后，向投标人出具签收凭证。

4.3.3 投标人撤回投标文件的，招标人自收到投标人书面撤回通知之日起 5 日内退还已收取的投标保证金。

4.3.4 修改的内容为投标文件的组成部分。修改的投标文件应按照本章第 3 条、第 4 条规定进行编制、密封、标记和递交，并标明"修改"字样。

5. 开标

5.1 开标时间和地点

招标人在本章第 2.2.2 项规定的投标截止时间（开标时间）和投标人须知前附表规定的地点公开开标，并邀请所有投标人的法定代表人或其委托代理人准时参加。

5.2 开标程序

主持人按下列程序进行开标：

（1）宣布开标纪律；

（2）公布在投标截止时间前递交投标文件的投标人名称，并点名确认投标人是否派人到场；

（3）宣布开标人、唱标人、记录人、监标人等有关人员姓名；

（4）按照投标人须知前附表规定检查投标文件的密封情况；

（5）按照投标人须知前附表的规定确定并宣布投标文件开标顺序；

（6）设有标底的，公布标底；

（7）按照宣布的开标顺序当众开标，公布投标人名称、投标保证金的递交情况、投标报价、质量目标、工期及其他内容，并记录在案；

（8）规定最高投标限价计算方法的，计算并公布最高投标限价；

（9）投标人代表、招标人代表、监标人、记录人等有关人员在开标记录上签字确认；

（10）开标结束。

5.3 开标异议

投标人对开标有异议的，应当在开标现场提出，招标人当场作出答复，并制作记录。

6. 评标

6.1 评标委员会

6.1.1 评标由招标人依法组建的评标委员会负责。评标委员会由招标人或其委托的招标代理机构熟悉相关业务的代表，以及有关技术、经济等方面的专家组成。评标委员会成员人数以及技术、经济等方面专家的确定方式见投标人须知前附表。

6.1.2 评标委员会成员有下列情形之一的，应当回避：

（1）投标人或投标人主要负责人的近亲属；

（2）项目主管部门或者行政监督部门的人员；

（3）与投标人有经济利益关系；

（4）曾因在招标、评标以及其他与招标投标有关活动中从事违法行为而受过行政处罚或刑事处罚的；

（5）与投标人有其他利害关系。

6.2 评标原则

评标活动遵循公平、公正、科学和择优的原则。

6.3 评标

评标委员会按照第三章"评标办法"规定的方法、评审因素、标准和程序对投标文件进行评审。第三章"评标办法"没有规定的方法、评审因素和标准，不作为评标依据。

7. 合同授予

7.1 定标方式

除投标人须知前附表规定评标委员会直接确定中标人外，招标人依据评标委员会推荐的中标候选人确定中标人，评标委员会推荐中标候选人的人数见投标人须知前附表。

7.2 中标候选人公示

招标人在投标人须知前附表规定的媒介公示中标候选人。

7.3 中标通知

在本章第 3.3 款规定的投标有效期内，招标人以书面形式向中标人发出中标通知书，同时将中标结果通知未中标的投标人。

7.4 履约担保

7.4.1 在签订合同前，中标人应按投标人须知前附表规定的担保形式和招标文件第四章"合同条款及格式"规定的或者事先经过招标人书面认可的履约担保格式向招标人提交履约担保。除投标人须知前附表另有规定外，履约担保金额为中标合同金额的 10%。

7.4.2 中标人不能按本章第 7.4.1 项要求提交履约担保的，视为放弃中标，其投标保证金不予退还，给招标人造成的损失超过投标保证金数额的，中标人还应当对超过部分予以赔偿。

7.5 签订合同

7.5.1 招标人和中标人应当自中标通知书发出之日起 30 天内，根据招标文件和中标人的投标文件订立书面合同。中标人无正当理由拒签合同的，招标人取消其中标资格，其投标保证金不予退还；给招标人造成的损失超过投标保证金数额的，中标人还应当对超过部分予以赔偿。

7.5.2 发出中标通知书后，招标人无正当理由拒签合同的，招标人向中标人退还投标保证金；给中标人造成损失的，还应当赔偿损失。

8. 纪律和监督

8.1 对招标人的纪律要求

招标人不得泄漏招标投标活动中应当保密的情况和资料，不得与投标人串通损害国家利益、社会公共利益或者他人合法权益。

8.2 对投标人的纪律要求

投标人不得相互串通投标或者与招标人串通投标，不得向招标人或者评标委员会成员行贿谋取中标，不得以他人名义投标或者以其他方式弄虚作假骗取中标；投标人不得以任何方式干扰、影响评标工作。

8.3 对评标委员会成员的纪律要求

评标委员会成员不得收受他人的财物或者其他好处，不得向他人透漏对投标文件的评审和比较、中标候选人的推荐情况以及评标有关的其他情况。在评标活动中，评标委员会成员应当客观、公正地履行职责，遵守职业道德，不得擅离职守，影响评标程序正常进行，不得使用第三章"评标办法"没有规定的评审因素和标准进行评标。

8.4 对与评标活动有关的工作人员的纪律要求

与评标活动有关的工作人员不得收受他人的财物或者其他好处，不得向他人透漏对投标文件的评审和比较、中标候选人的推荐情况以及评标有关的其他情况。在评标活动中，与评标活动有关的工作人员不得擅离职守，影响评标程序正常进行。

8.5 投诉

投标人和其他利害关系人认为本次招标活动违反法律、法规和规章规定的，有权向有关行政监督部门投诉。

9. 需要补充的其他内容

需要补充的其他内容：见投标人须知前附表。

10. 电子招标投标

采用电子招标投标，对投标文件的编制、密封和标记、递交、开标、评标等的具体要求，见投标人须知前附表。

附件一：开标记录表

（项目名称）开标记录表

开标时间：＿＿＿年＿＿＿月＿＿＿日＿＿＿时＿＿＿分

序号	投标人	密封情况	投标保证金	投标报价（元）	质量标准	工期	备注	签名
招标人编制的标底/最高限价								

招标人代表：＿＿＿＿＿ 记录人：＿＿＿＿＿ 监标人：＿＿＿＿＿

＿＿＿＿＿年＿＿＿＿＿月＿＿＿＿＿日

附件二：问题澄清通知

问题澄清通知

编号：

_____ （投标人名称）：

_____ （项目名称）招标的评标委员会，对你方的投标文件进行了仔细的审查，现需你方对下列问题以书面形式予以澄清：

1.

2.

……

请将上述问题的澄清于_____年_____月_____日_____时前递交至_____（详细地址）或传真至_____（传真号码）。采用传真方式的，应在_____年_____月_____日_____时前将原件递交至_____（详细地址）。

招标人或招标代理机构：_____（签字或盖章）

_____年_____月_____日

附件三：问题的澄清

问题的澄清

编号：

_____（项目名称）招标评标委员会：

问题澄清通知（编号：_____）已收悉，现澄清如下：

1.

2.

......

投标人：_____（盖单位章）

法定代表人或其委托代理人：_____（签字）

_____年_____月_____日

附件四：中标通知书

中标通知书

_____ （中标人名称）：

你方于_____（投标日期）所递交的_____（项目名称）投标文件已被我方接受，被确定为中标人。

中标价：_____元。

工期：_____日历天。

工程质量：符合_____标准。

项目经理：_____（姓名）。

请你方在接到本通知书后的_____日内到_____（指定地点）与我方签订承包合同，在此之前按招标文件第二章"投标人须知"第7.4款规定向我方提交履约担保。

随附的澄清、说明、补正事项纪要，是本中标通知书的组成部分。

特此通知。

附：澄清、说明、补正事项纪要

招标人：_____（盖单位章）

法定代表人：_____（签字）

_____年_____月_____日

附件五：中标结果通知书

中标结果通知书

_____（未中标人名称）：

我方已接受_____（中标人名称）于_____（投标日期）所递交的_____（项目名称）投标文件，确定_____（中标人名称）为中标人。

感谢你单位对我们工作的大力支持！

招标人：_____（盖单位章）

法定代表人：_____（签字）

_____年_____月_____日

附件六：确认通知

确认通知

＿＿＿＿＿＿＿（招标人名称）：

　　你方于＿＿＿年＿＿＿月＿＿＿日发出的＿＿＿（项目名称）关于＿＿＿的通知，我方已于＿＿＿年＿＿＿月＿＿＿日收到。

　　特此确认。

投标人：＿＿＿＿（盖单位章）

＿＿＿年＿＿＿月＿＿＿日

第三章　评标办法（经评审的最低投标价法）

评标办法前附表

条款号		评审因素	评审标准
2.1.1	形式评审标准	投标人名称	与营业执照、资质证书、安全生产许可证一致
		投标函签字盖章	有法定代表人或其委托代理人签字或加盖单位章
		投标文件格式	符合第八章"投标文件格式"的要求
		报价唯一	只能有一个有效报价
		……	……
2.1.2	资格评审标准	营业执照	具备有效的营业执照
		安全生产许可证	具备有效的安全生产许可证
		资质等级	符合第二章"投标人须知"第1.4.1项规定
		项目经理	符合第二章"投标人须知"第1.4.1项规定
		财务要求	符合第二章"投标人须知"第1.4.1项规定
		业绩要求	符合第二章"投标人须知"第1.4.1项规定
		其他要求	符合第二章"投标人须知"第1.4.1项规定
		……	……

2.1.3	响应性 评审 标准	投标报价	符合第二章"投标人须知"第3.2.3项规定
		投标内容	符合第二章"投标人须知"第1.3.1项规定
		工期	符合第二章"投标人须知"第1.3.2项规定
		工程质量	符合第二章"投标人须知"第1.3.3项规定
		投标有效期	符合第二章"投标人须知"第3.3.1项规定
		投标保证金	符合第二章"投标人须知"第3.4.1项规定
		权利义务	符合第四章"合同条款及格式"规定
		已标价工程量清单	符合第五章"工程量清单"给出的范围及数量
		技术标准和要求	符合第七章"技术标准和要求"规定
		……	……
2.1.4	施工组织设计评审标准	质量管理体系与措施	……
		安全管理体系与措施	……
		环境保护管理体系与措施	……
		工程进度计划与措施	……
		资源配备计划	……
		……	……

条款号		量化因素	量化标准
2.2	详细评审标准	单价遗漏	……
		不平衡报价	……
		……	……

1. 评标方法

本次评标采用经评审的最低投标价法。评标委员会对满足招标文件实质要求的投标文件，根据本章第 2.2 款规定的量化因素及量化标准进行价格折算，按照经评审的投标价由低到高的顺序推荐中标候选人，或根据招标人授权直接确定中标人，但投标报价低于其成本的除外。经评审的投标价相等时，投标报价低的优先；投标报价也相等的，由招标人或其授权的评标委员会自行确定。

2. 评审标准

2.1 初步评审标准

2.1.1 形式评审标准：见评标办法前附表。

2.1.2 资格评审标准：见评标办法前附表。

2.1.3 响应性评审标准：见评标办法前附表。

2.1.4 施工组织设计评审标准：见评标办法前附表。

2.2 详细评审标准

详细评审标准：见评标办法前附表。

3. 评标程序

3.1 初步评审

3.1.1 评标委员会可以要求投标人提交第二章"投标人须知"第3.5.1 项至第 3.5.4 项规定的有关证明和证件的原件，以便核验。评标委员会依据本章第 2.1 款规定的标准对投标文件进行初步评审。有一项不符合评审标准的，评标委员会应当否决其投标。

3.1.2 投标人有以下情形之一的，评标委员会应当否决其投标：

（1）第二章"投标人须知"第 1.4.2 项、第 1.4.3 项规定的任何一种情形的；

（2）串通投标或弄虚作假或有其他违法行为的；

（3）不按评标委员会要求澄清、说明或补正的。

3.1.3 投标报价有算术错误的，评标委员会按以下原则对投标报价进行修正，修正的价格经投标人书面确认后具有约束力。投标人不接受修正价格的，评标委员会应当否决其投标。

（1）投标文件中的大写金额与小写金额不一致的，以大写金额为准；

（2）总价金额与依据单价计算出的结果不一致的，以单价金额为准修正总价，但单价金额小数点有明显错误的除外。

3.2 详细评审

3.2.1 评标委员会按本章第 2.2 款规定的量化因素和标准进行价格折算，计算出评标价，并编制价格比较一览表。

3.2.2 评标委员会发现投标人的报价明显低于其他投标报价，或者在设有标底时明显低于标底，使得其投标报价可能低于其成本的，应当要求该投标人作出书面说明并提供相应的证明材料。投标人不能合理说明或者不能提供相应证明材料的，评标委员会应当认定该投标人以低于成本报价竞标，否决其投标。

3.3 投标文件的澄清和补正

3.3.1 在评标过程中，评标委员会可以书面形式要求投标人对所提交的投标文件中不明确的内容进行书面澄清或说明，或者对细微偏差进行补正。评标委员会不接受投标人主动提出的澄清、说明或补正。

3.3.2 澄清、说明和补正不得改变投标文件的实质性内容。投标人的书面澄清、说明和补正属于投标文件的组成部分。

3.3.3 评标委员会对投标人提交的澄清、说明或补正有疑问的，可以要求投标人进一步澄清、说明或补正，直至满足评标委员会的要求。

3.4 评标结果

3.4.1 除第二章"投标人须知"前附表授权直接确定中标人外，评标委员会按照经评审的价格由低到高的顺序推荐中标候选人。

3.4.2 评标委员会完成评标后，应当向招标人提交书面评标报告。

第三章 评标办法（综合评估法）

评标办法前附表

条款号		评审因素	评审标准
2.1.1	形式评审标准	投标人名称	与营业执照、资质证书、安全生产许可证一致
		投标函签字盖章	有法定代表人或其委托代理人签字或加盖单位章
		投标文件格式	符合第八章"投标文件格式"的要求
		报价唯一	只能有一个有效报价
		……	……
2.1.2	资格评审标准	营业执照	具备有效的营业执照
		安全生产许可证	具备有效的安全生产许可证
		资质等级	符合第二章"投标人须知"第1.4.1项规定
		项目经理	符合第二章"投标人须知"第1.4.1项规定
		财务要求	符合第二章"投标人须知"第1.4.1项规定
		业绩要求	符合第二章"投标人须知"第1.4.1项规定
		其他要求	符合第二章"投标人须知"第1.4.1项规定
		……	……

		投标报价	符合第二章"投标人须知"第3.2.3项规定
2.1.3	响应性评审标准	投标内容	符合第二章"投标人须知"第1.3.1项规定
		工期	符合第二章"投标人须知"第1.3.2项规定
		工程质量	符合第二章"投标人须知"第1.3.3项规定
		投标有效期	符合第二章"投标人须知"第3.3.1项规定
		投标保证金	符合第二章"投标人须知"第3.4.1项规定
		权利义务	符合第四章"合同条款及格式"规定
		已标价工程量清单	符合第五章"工程量清单"给出的范围及数量
		技术标准和要求	符合第七章"技术标准和要求"规定
		……	……

条款号	条款内容	编列内容
2.2.1	分值构成 （总分 100 分）	施工组织设计： _____ 分 项目管理机构： _____ 分 投标报价： _____ 分 其他评分因素： _____ 分
2.2.2	评标基准价计算方法	
2.2.3	投标报价的偏差率计算公式	偏差率＝100%×（投标人报价−评标基准价）/评标基准价
条款号	评分因素	评分标准

		内容完整性和编制水平	······
2.2.4 （1）	施工组织设计评分标准	施工方案与技术措施	······
		质量管理体系与措施	······
		安全管理体系与措施	······
		环境保护管理体系与措施	······
		工程进度计划与措施	······
		资源配备计划	······
		······	······
2.2.4 （2）	项目管理机构评分标准	项目经理任职资格 与业绩	······
		其他主要人员	······
		······	
2.2.4 （3）	投标报价评分标准	偏差率	······
		······	
2.2.4 （4）	其他因素评分标准	······	······

1. 评标方法

本次评标采用综合评估法。评标委员会对满足招标文件实质性要求的投标文件，按照本章第 2.2 款规定的评分标准进行打分，并按得分由高到低顺序推荐中标候选人，或根据招标人授权直接确定中标人，但投标报价低于其成本的除外。综合评分相等时，以投标报价低的优先；投标报价也相等的，由招标人或其授权的评标委员会自行确定。

2. 评审标准

2.1 初步评审标准

2.1.1 形式评审标准：见评标办法前附表。

2.1.2 资格评审标准：见评标办法前附表。

2.1.3 响应性评审标准：见评标办法前附表。

2.2 分值构成与评分标准

2.2.1 分值构成

（1）施工组织设计：见评标办法前附表；

（2）项目管理机构：见评标办法前附表；

（3）投标报价：见评标办法前附表；

（4）其他评分因素：见评标办法前附表。

2.2.2 评标基准价计算

评标基准价计算方法：见评标办法前附表。

2.2.3 投标报价的偏差率计算

投标报价的偏差率计算公式：见评标办法前附表。

2.2.4 评分标准

（1）施工组织设计评分标准：见评标办法前附表；

（2）项目管理机构评分标准：见评标办法前附表；

（3）投标报价评分标准：见评标办法前附表；

（4）其他因素评分标准：见评标办法前附表。

3. 评标程序

3.1 初步评审

3.1.1 评标委员会可以要求投标人提交第二章"投标人须知"第3.5.1 项至第 3.5.4 项规定的有关证明和证件的原件，以便核验。评标委员会依据本章第 2.1 款规定的标准对投标文件进行初步评审。有一项不符合评审标准的，评标委员会应当否决其投标。

3.1.2 投标人有以下情形之一的，评标委员会应当否决其投标：

（1）第二章"投标人须知"第1.4.2项、第1.4.3项规定的任何一种情形的；

（2）串通投标或弄虚作假或有其他违法行为的；

（3）不按评标委员会要求澄清、说明或补正的。

3.1.3 投标报价有算术错误的，评标委员会按以下原则对投标报价进行修正，修正的价格经投标人书面确认后具有约束力。投标人不接受修正价格的，评标委员会应当否决其投标。

（1）投标文件中的大写金额与小写金额不一致的，以大写金额为准；

（2）总价金额与依据单价计算出的结果不一致的，以单价金额为准修正总价，但单价金额小数点有明显错误的除外。

3.2 详细评审

3.2.1 评标委员会按本章第2.2款规定的量化因素和分值进行打分，并计算出综合评估得分。

（1）按本章第2.2.4（1）目规定的评审因素和分值对施工组织设计计算出得分A；

（2）按本章第2.2.4（2）目规定的评审因素和分值对项目管理机构计算出得分B；

（3）按本章第2.2.4（3）目规定的评审因素和分值对投标报价计算出得分C；

（4）按本章第2.2.4（4）目规定的评审因素和分值对其他部分计算出得分D。

3.2.2 评分分值计算保留小数点后两位，小数点后第三位"四舍五入"。

3.2.3 投标人得分＝A+B+C+D。

3.2.4 评标委员会发现投标人的报价明显低于其他投标报价，或者在设有标底时明显低于标底，使得其投标报价可能低于其个别成本的，应当要求该投标人作出书面说明并提供相应的证明材料。投标人不能合理说明或者不能提供相应证明材料的，评标委员会应当认定该投标人以低于成本报价竞标，否决其投标。

3.3 投标文件的澄清和补正

3.3.1 在评标过程中，评标委员会可以书面形式要求投标人对所提交投标文件中不明确的内容进行书面澄清或说明，或者对细微偏差进行补正。评标委员会不接受投标人主动提出的澄清、说明或补正。

3.3.2 澄清、说明和补正不得改变投标文件的实质性内容。投标人的书面澄清、说明和补正属于投标文件的组成部分。

3.3.3 评标委员会对投标人提交的澄清、说明或补正有疑问的，可以要求投标人进一步澄清、说明或补正，直至满足评标委员会的要求。

3.4 评标结果

3.4.1 除第二章"投标人须知"前附表授权直接确定中标人外，评标委员会按照得分由高到低的顺序推荐中标候选人。

3.4.2 评标委员会完成评标后，应当向招标人提交书面评标报告。

第四章　合同条款及格式

第一节　通用合同条款

通用合同条款

1. 一般约定

1.1 词语定义

通用合同条款、专用合同条款中的下列词语应具有本款所赋予的含义。

1.1.1 合同

1.1.1.1 合同文件（或称合同）：指合同协议书、中标通知书、投标函及投标函附录、专用合同条款、通用合同条款、技术标准和要求、图纸、已标价工程量清单，以及其他合同文件。

1.1.1.2 合同协议书：指第 1.5 款所指的合同协议书。

1.1.1.3 中标通知书：指发包人通知承包人中标的函件。中标通知书随附的澄清、说明、补正事项纪要等，是中标通知书的组成部分。

1.1.1.4 投标函：指构成合同文件组成部分的由承包人填写并签署的投标函。

1.1.1.5 投标函附录：指附在投标函后构成合同文件的投标函附录。

1.1.1.6 技术标准和要求：指构成合同文件组成部分的名为技术标准和要求的文件，以及合同双方当事人约定对其所作的修改或补充。

1.1.1.7 图纸：指包含在合同中的工程图纸，以及由发包人按合同约定提供的任何补充和修改的图纸，包括配套的说明。

1.1.1.8 已标价工程量清单：指构成合同文件组成部分的由承包人按照规定的格式和要求填写并标明价格的工程量清单。

1.1.1.9 其他合同文件：指经合同双方当事人确认构成合同文件的其他文件。

1.1.2 合同当事人和人员

1.1.2.1 合同当事人：指发包人和（或）承包人。

1.1.2.2 发包人：指专用合同条款中指明并与承包人在合同协议书中签字的当事人。

1.1.2.3 承包人：指与发包人签订合同协议书的当事人。

1.1.2.4 承包人项目经理：指承包人派驻施工场地的全权负责人。

1.1.2.5 监理人：指在专用合同条款中指明的，受发包人委托对合同履行实施管理的法人或其他组织。属于国家强制监理的，监理人应当具有相应的监理资质。

1.1.2.6 总监理工程师（总监）：指由监理人委派常驻施工场地对合同履行实施管理的全权负责人。

1.1.3 工程和设备

1.1.3.1 工程：指永久工程和（或）临时工程。

1.1.3.2 工程设备：指构成或计划构成永久工程一部分的机电设备、仪器装置、运载工具及其他类似的设备和装置。

1.1.3.3 施工场地（或称工地、现场）：指用于合同工程施工的场所，以及在合同中指定作为施工场地组成部分的其他场所，包括永久占地和临时占地。

1.1.4 日期

1.1.4.1 开工通知：指监理人按第 6.2 款通知承包人开工的函件。

1.1.4.2 开工日期：指监理人按第 6.2 款发出的开工通知中写明的开工日期。

1.1.4.3 工期：指承包人在投标函中承诺的完成合同工程所需的期

限，包括按第 6.3 款、第 6.4 款约定所作的变更。

1.1.4.4 竣工日期：指第 1.1.4.3 目约定工期届满时的日期。实际竣工日期以工程接收证书中写明的日期为准。

1.1.4.5 缺陷责任期：指履行第 12.1 款约定的缺陷责任的期限，具体期限由专用合同条款约定。

1.1.4.6 天：除特别指明外，指日历天。合同中按天计算时间的，开始当天不计入，从次日开始计算。期限最后一天的截止时间为当天 24：00。

1.1.5 合同价格和费用

1.1.5.1 签约合同价：指签定合同时合同协议书中写明的，包括了暂列金额的合同总金额。

1.1.5.2 合同价格：指承包人按合同约定完成了包括缺陷责任期内的全部承包工作后，发包人应付给承包人的金额，包括在履行合同过程中按合同约定进行的变更和调整。

1.1.5.3 费用：指为履行合同所发生的或将要发生的所有合理开支，包括管理费和应分摊的其他费用，但不包括利润。

1.1.5.4 暂列金额：指已标价工程量清单中所列的暂列金额，用于在签订协议书时尚未确定或不可预见变更的施工及其所需材料、工程设备、服务等的金额，包括以计日工方式支付的金额。

1.1.5.5 计日工：指对零星工作采取的一种计价方式，按合同中的计日工子目及其单价计价付款。

1.1.5.6 质量保证金（或称保留金）：指按第 10.4 款约定用于保证在缺陷责任期内履行缺陷修复义务的金额。

1.1.6 其他

1.1.6.1 书面形式：指合同文件、信函、电报、传真、电子数据交换和电子邮件等可以有形地表现所载内容的形式。

1.2 语言文字

合同使用的语言文字为中文。专用术语使用外文的，应附有中文注释。

1.3 法律

适用于合同的法律包括中华人民共和国法律、行政法规、部门规章，以及工程所在地的地方法规、自治条例、单行条例和地方政府规章。

1.4 合同文件的优先顺序

组成合同的各项文件应互相解释，互为说明。除专用合同条款另有约定外，解释合同文件的优先顺序如下：

（1）合同协议书；

（2）中标通知书；

（3）投标函及投标函附录；

（4）专用合同条款；

（5）通用合同条款；

（6）技术标准和要求；

（7）图纸；

（8）已标价工程量清单；

（9）其他合同文件。

1.5 合同协议书

承包人按中标通知书规定的时间与发包人签订合同协议书。除法律另有规定或合同另有约定外，发包人和承包人的法定代表人或其委托代理人在合同协议书上签字并盖单位章后，合同生效。

1.6 图纸和承包人文件

1.6.1 发包人提供的图纸

除专用合同条款另有约定外，图纸应在合理的期限内按照合同约定的数量提供给承包人。

1.6.2 承包人提供的文件

按专用合同条款约定由承包人提供的文件，包括部分工程的大样图、加工图等，承包人应按约定的数量和期限报送监理人。监理人应在专用合同条款约定的期限内批复。

1.7 联络

与合同有关的通知、批准、证明、证书、指示、要求、请求、同意、意见、确定和决定等重要文件，均应采用书面形式。

按合同约定应当由监理人审核、批准、确认或者提出修改意见的承包人的要求、请求、申请和报批等，监理人在合同约定的期限内未回复的，视同认可，合同中未明确约定回复期限的，其相应期限均为收到相关文件后 7 天。

2. 发包人义务

2.1 遵守法律

发包人在履行合同过程中应遵守法律，并保证承包人免于承担因发包人违反法律而引起的任何责任。

2.2 发出开工通知

发包人应委托监理人按第 6.2 款的约定向承包人发出开工通知。

2.3 提供施工场地

发包人应按专用合同条款约定向承包人提供施工场地，以及施工场地内地下管线和地下设施等有关资料，并保证资料的真实、准确、完整。

2.4 协助承包人办理证件和批件

发包人应协助承包人办理法律规定的有关施工证件和批件。

2.5 组织设计交底

发包人应根据合同进度计划，组织设计单位向承包人进行设计交底。

2.6 支付合同价款

发包人应按合同约定向承包人及时支付合同价款。

2.7 组织竣工验收

发包人应按合同约定及时组织竣工验收。

2.8 其他义务

发包人应履行合同约定的其他义务。

3. 监理人

3.1 监理人的职责和权力

3.1.1 监理人受发包人委托，享有合同约定的权力，其所发出的任何指示应视为已得到发包人的批准。监理人在行使某项权力前需要经发包人事先批准而通用合同条款没有指明的，应在专用合同条款中指明。未经发包人批准，监理人无权修改合同。

3.1.2 合同约定应由承包人承担的义务和责任，不因监理人对承包人文件的审查或批准，对工程、材料和工程设备的检查和检验，以及为实施监理作出的指示等职务行为而减轻或解除。

3.2 总监理工程师

发包人应在发出开工通知前将总监理工程师的任命通知承包人。

3.3 监理人员

3.3.1 总监理工程师可以授权其他监理人员负责执行其指派的一项或多项监理工作。总监理工程师应将被授权监理人员的姓名及其授权范围通知承包人。被授权的监理人员在授权范围内发出的指示视为已得到总监理工程师的同意，与总监理工程师发出的指示具有同等效力。总监理工程师撤销某项授权时，应将撤销授权的决定及时通知发包人和承包人。

3.3.2 监理人员对承包人文件、工程或其采用的材料和工程设备未在约定的或合理的期限内提出否定意见的，视为已获批准，但不影响监理人在以后拒绝该项工作、工程、材料或工程设备的权利，监理人的拒绝应当符合法律规定和合同约定。

3.3.3 承包人对总监理工程师授权的监理人员发出的指示有疑问的，可在该指示发出的 48 小时内向总监理工程师提出书面异议，总监理工程师应在 48 小时内对该指示予以确认、更改或撤销。

3.3.4 除专用合同条款另有约定外，总监理工程师不应将第 3.5 款约定应由总监理工程师作出确定的权力授权或委托给其他监理人员。

3.4 监理人的指示

3.4.1 监理人应按第 3.1 款的约定向承包人发出指示，监理人的指示应盖有监理人授权的施工场地机构章，并由总监理工程师或总监理工程师按第 3.3.1 项约定授权的监理人员签字。

3.4.2 承包人收到监理人按第 3.4.1 项作出的指示后应遵照执行。指示构成变更的，应按第 9 条处理。

3.4.3 在紧急情况下，总监理工程师或被授权的监理人员可以当场签发临时书面指示，承包人应遵照执行。承包人应在收到上述临时书面指示后 24 小时内，向监理人发出书面确认函。监理人在收到书面确认函后 24 小时内未予答复的，该书面确认函应被视为监理人的正式指示。

3.4.4 除合同另有约定外，承包人只从总监理工程师或按第 3.3.1 项被授权的监理人员处取得指示。

3.4.5 由于监理人未能按合同约定发出指示、指示延误或指示错误而导致承包人费用增加和（或）工期延误的，由发包人承担赔偿责任。

3.5 商定或确定

3.5.1 合同约定总监理工程师应按照本款对任何事项进行商定或确定时，总监理工程师应与合同当事人协商，尽量达成一致。不能达成一致的，总监理工程师应认真研究后审慎确定。

3.5.2 总监理工程师应将商定或确定的事项通知合同当事人，并附详细依据。对总监理工程师的确定有异议的，构成争议，按照第 17 条的约定处理。在争议解决前，双方应暂按总监理工程师的确定执行，按照第 17 条的约定对总监理工程师的确定作出修改的，按修改后的结果执行。

4. 承包人

4.1 承包人的一般义务

4.1.1 承包人应按合同约定以及监理人根据第 3.4 款作出的指示，

实施、完成全部工程，并修补工程中的任何缺陷。

4.1.2 除合同另有约定外，承包人应提供为按照合同完成工程所需的劳务、材料、施工设备、工程设备和其他物品，以及按合同约定的临时设施等。

4.1.3 承包人应对所有现场作业、所有施工方法和全部工程的完备性、稳定性和安全性负责。

4.1.4 承包人应按照法律规定和合同约定，负责施工场地及其周边环境与生态的保护工作。

4.1.5 工程接收证书颁发前，承包人应负责照管和维护工程。工程接收证书颁发时尚有部分未竣工工程的，承包人还应负责该未竣工工程的照管和维护工作，直至竣工后移交给发包人为止。

4.1.6 承包人应履行合同约定的其他义务。

4.2 履约担保

4.2.1 承包人应保证其履约担保在发包人颁发工程接收证书前一直有效。发包人应在工程接收证书颁发后 28 天内把履约担保退还给承包人。

4.2.2 如工程延期，承包人有义务继续提供履约担保。由于发包人原因导致延期的，继续提供履约担保所需的费用由发包人承担；由于承包人原因导致延期的，继续提供履约担保所需费用由承包人承担。

4.3 承包人项目经理

承包人应按合同约定指派项目经理，并在约定的期限内到职。承包人项目经理应按合同约定以及监理人按第 3.4 款作出的指示，负责组织合同工程的实施。承包人为履行合同发出的一切函件均应盖有承包人授权的施工场地管理机构章，并由承包人项目经理或其授权代表签字。

4.4 工程价款应专款专用

发包人按合同约定支付给承包人的各项价款应专用于合同工程。

4.5 不利物质条件

4.5.1 不利物质条件，除专用合同条款另有约定外，是指承包人在施工场地遇到的不可预见的自然物质条件、非自然的物质障碍和污染物，包括地下和水文条件，但不包括气候条件。

4.5.2 承包人遇到不利物质条件时，应采取适应不利物质条件的合理措施继续施工，并及时通知监理人，通知应载明不利物质条件的内容以及承包人认为不可预见的理由。监理人应当及时发出指示，指示构成变更的，按第 9 条约定执行。监理人没有发出指示的，承包人因采取合理措施而增加的费用和（或）工期延误，由发包人承担。

5. 施工控制网

5.1 发包人应在专用合同条款约定的期限内，通过监理人向承包人提供测量基准点、基准线和水准点及其书面资料。除专用合同条款另有约定外，承包人应根据国家测绘基准、测绘系统和工程测量技术规范，按上述基准点（线）以及合同工程精度要求，测设施工控制网，并在专用合同条款约定的期限内，将施工控制网资料报送监理人审批。

5.2 承包人应负责管理施工控制网点。施工控制网点丢失或损坏的，承包人应及时修复。承包人应承担施工控制网点的管理与修复费用，并在工程竣工后将施工控制网点移交发包人。

6. 工期

6.1 进度计划

承包人应按照专用合同条款约定的时间，向监理人提交进度计划。经监理人审批后的进度计划具有合同约束力，承包人应当严格执行。实际进度与进度计划不符时，监理人应当指示承包人对进度计划进行修订，重新提交给监理人审批。

6.2 工程实施

监理人应在开工日期 7 天前向承包人发出开工通知。承包人应在第 1.1.4.3 目约定的期限内完成合同工程。实际竣工日期在接收证书中写明。

6.3 发包人引起的工期延误

在履行合同过程中，由于发包人的下列原因造成工期延误的，承包人有权要求发包人延长工期和（或）增加费用，并支付合理利润。需要修订合同进度计划的，按照第 6.1 款的约定执行。

（1）增加合同工作内容；

（2）改变合同中任何一项工作的质量要求或其他特性；

（3）发包人迟延提供材料、工程设备或变更交货地点；

（4）因发包人原因导致的暂停施工；

（5）提供图纸延误；

（6）未按合同约定及时支付预付款、进度款；

（7）发包人造成工期延误的其他原因。

6.4 异常恶劣的气候条件

由于出现专用合同条款约定的异常恶劣气候导致工期延误的，承包人有权要求发包人延长工期。

6.5 承包人引起的工期延误

由于承包人原因造成工期延误，承包人应按照专用合同条款中约定的逾期竣工违约金计算方法和最高限额，支付逾期竣工违约金。承包人支付逾期竣工违约金，不免除承包人完成工程及修补缺陷的义务。

7. 工程质量

7.1 工程质量要求

工程质量验收按照合同约定的验收标准执行。

7.2 监理人的质量检查

监理人有权对工程的所有部位及其施工工艺、材料和工程设备进行检查和检验。监理人的检查和检验，不免除承包人按合同约定应负的责任。

7.3 工程隐蔽部位覆盖前的检查

经承包人自检确认的工程隐蔽部位具备覆盖条件后，承包人应通知监理人在约定的期限内检查。监理人应按时到场检查。监理人未到场检查的，除监理人另有指示外，承包人可自行完成覆盖工作。无论监理人是否到场检查，对已覆盖的工程隐蔽部位，监理人可要求承包人对已覆盖的部位进行钻孔探测或重新检验，承包人应遵照执行，并在检验后重新覆盖恢复原状。经检验证明工程质量符合合同要求的，由发包人承担由此增加的费用和（或）工期延误，并支付承包人合理利润；经检验证明工程质量不符合合同要求的，由此增加的费用和（或）工期延误，由承包人承担。

承包人未通知监理人到场检查，私自将工程隐蔽部位覆盖的，监理人有权指示承包人钻孔探测或揭开检查，无论工程隐蔽部位质量是否合格，由此增加的费用和（或）工期延误由承包人承担。

7.4 清除不合格工程

由于承包人的材料、工程设备，或采用施工工艺不符合合同要求造成的任何缺陷，监理人可以随时发出指示，要求承包人立即采取措施进行补救，直至达到合同要求的质量标准，由此增加的费用和（或）工期延误由承包人承担。

8. 试验和检验

8.1 材料、工程设备和工程的试验和检验

8.1.1 承包人应按合同约定进行材料、工程设备和工程的试验和检验，并为监理人对上述材料、工程设备和工程的质量检查提供必要的试验资料和原始记录。按合同约定应由监理人与承包人共同进行试验和检验的，由承包人负责提供必要的试验资料和原始记录。

8.1.2 监理人未按合同约定派员参加试验和检验的，除监理人另有指示外，承包人可自行试验和检验，并应立即将试验和检验结果报送监理人，监理人应签字确认。

8.1.3 监理人对承包人的试验和检验结果有疑问的，或为查清承包人试验和检验成果的可靠性要求承包人重新试验和检验的，可按合同约

定由监理人与承包人共同进行。重新试验和检验的结果证明该项材料、工程设备或工程的质量不符合合同要求的，由此增加的费用和（或）工期延误由承包人承担；重新试验和检验结果证明该项材料、工程设备和工程符合合同要求，由发包人承担由此增加的费用和（或）工期延误，并支付承包人合理利润。

8.2 现场材料试验

8.2.1 承包人根据合同约定或监理人指示进行的现场材料试验，应由承包人提供试验场所、试验人员、试验设备器材以及其他必要的试验条件。

8.2.2 监理人在必要时可以使用承包人的试验场所、试验设备器材以及其他试验条件，进行以工程质量检查为目的的复核性材料试验，承包人应予以协助。

9. 变更

9.1 变更权

在履行合同过程中，经发包人同意，监理人可按第 9.2 款约定的变更程序向承包人作出变更指示，承包人应遵照执行。

9.2 变更程序

承包人应在收到变更指示 14 天内，向监理人提交变更报价书。监理人应审查，并在收到承包人变更报价书后 14 天内，与发包人和承包人共同商定此估价。在未达成协议的情况下，监理人应确定该估价。

9.3 变更的估价原则

除专用合同条款另有约定外，因变更引起的价格调整按照本款约定处理：

（1）已标价工程量清单中有适用于变更工作的子目的，采用该子目的单价；

（2）已标价工程量清单中无适用于变更工作的子目，但有类似子目的，可在合理范围内参照类似项目，由监理人按第 3.5 款商定或确定变更工作的单价；

（3）已标价工程量清单中无适用或类似子目的单价，可按照成本加利润的原则，由监理人按第3.5款商定或确定变更工作的单价。

9.4 暂列金额

暂列金额只能按照监理人的指示使用，并对合同价格进行相应调整。

9.5 计日工

9.5.1 发包人认为有必要时，由监理人通知承包人以计日工方式实施变更的零星工作。其价款按列入已标价工程量清单中的计日工计价子目及其单价进行计算。

9.5.2 采用计日工计价的任何一项变更工作，应从暂列金额中支付，承包人应在该项变更的实施过程中，每天提交以下报表和有关凭证报送监理人审批：

（1）工作名称、内容和数量；

（2）投入该工作所有人员的姓名、工种、级别和耗用工时；

（3）投入该工作的材料类别和数量；

（4）投入该工作的施工设备型号、台数和耗用台时；

（5）监理人要求提交的其他资料和凭证。

9.5.3 计日工由承包人汇总后，按第10.3款的约定列入进度付款申请单，由监理人复核并经发包人同意后列入进度付款。

10. 计量与支付

10.1 计量

除专用合同条款另有约定外，承包人应根据有合同约束力的进度计划，按月分解签约合同价，形成支付分解报告，送监理人批准后成为有合同约束力的支付分解表，按有合同约束力的支付分解表分期计量和支付；支付分解表应随进度计划的修订而调整；除按照第9条约定的变更外，签约合同价所基于的工程量即是用于竣工结算的最终工程量。

10.2 预付款

预付款用于承包人为合同工程施工购置材料、工程设备、施工设备、修建临时设施以及组织施工队伍进场等。预付款的额度、预付办法，以及扣回与还清办法在专用合同条款中约定。预付款必须专用于合同工程。

10.3 工程进度付款

承包人应在第 10.1 款约定的支付分解表确定的每个付款周期末，按监理人批准的格式和专用合同条款约定的份数，向监理人提交进度付款申请单，并附相应的支持性证明文件。除专用合同条款另有约定外，进度付款申请单应包括下列内容：

（1）截至本次付款周期末已实施工程的合同价款；

（2）根据第 9 条应增加和扣减的变更金额；

（3）根据第 16 条应增加和扣减的索赔金额；

（4）根据第 10.2 款应支付的预付款和扣减的返还预付款；

（5）根据第 10.4 款应扣减的质量保证金；

（6）根据合同应增加和扣减的其他金额。

监理人应在收到承包人进度付款申请单以及相应的支持性证明文件后的 7 天内完成核查，并向承包人出具经发包人签认的付款证书。发包人应在监理人收到进度付款申请单的 14 天内将进度应付款支付给承包人。涉及政府投资资金的，按照国库集中支付等国家相关规定和专用合同条款的约定执行。

10.4 质量保证金

监理人应从第一个付款周期开始，在发包人的进度付款中，按专用合同条款的约定扣留质量保证金，直至扣留的质量保证金总额达到专用合同条款约定的金额或比例为止。

在专用合同条款约定的缺陷责任期满时，承包人向发包人申请到期应返还承包人剩余的质量保证金金额，发包人应在 14 天内会同承包人按照合同约定的内容核实承包人是否完成缺陷责任，并将无异议的剩余质量保证金返还承包人。

10.5 竣工结算

10.5.1 除专用合同条款另有约定外，竣工结算价格不因物价波动和法律变化而调整。

10.5.2 工程接收证书颁发后，承包人应按专用合同条款约定的份数和期限向监理人提交竣工付款申请单，并提供相关证明材料。监理人应当在收到竣工结算申请单的 7 天内完成核查、准备竣工付款证书并送发包人审核，发包人应在收到后 14 天内提出具体意见或签认竣工付款证书，并在监理人收到竣工结算申请单的 28 天内将应付款支付给承包人。发包人未在约定时间内审核并提出具体意见或者签认竣工付款证书的，视为同意承包人提出的竣工付款金额。

10.5.3 竣工付款涉及政府投资资金的，按照国库集中支付等国家相关规定和专用合同条款的约定执行。

10.6 付款延误

发包人不按期支付的，按专用合同条款的约定支付逾期付款违约金。

11. 竣工验收

11.1 竣工验收的含义

11.1.1 竣工验收是指承包人完成了全部合同工作后，发包人按合同要求进行的验收。

11.1.2 需要进行国家验收的，竣工验收是国家验收的一部分。竣工验收所采用的各项验收和评定标准应符合国家验收标准。发包人和承包人为竣工验收提供的各项竣工验收资料应符合国家验收的要求。

11.2 竣工验收申请报告

当工程具备竣工条件时，承包人即可向监理人报送竣工验收申请报告。

11.3 竣工和验收

监理人审查后认为具备竣工验收条件的，提请发包人进行工程验收。发包人经过验收后同意接收工程的，由监理人向承包人出具经发包人签认的工程接收证书。

除专用合同条款另有约定外，经验收合格工程的实际竣工日期，以提交竣工验收申请报告的日期为准，并在工程接收证书中写明。

11.4 试运行

除专用合同条款另有约定外，承包人应按专用合同条款约定进行工程及工程设备试运行，负责提供试运行所需的人员、器材和必要的条件，并承担全部试运行费用。

11.5 竣工清场

除合同另有约定外，工程接收证书颁发后，承包人应对施工场地进行清理，直至监理人检验合格为止。竣工清场费用由承包人承担。

12. 缺陷责任与保修责任

12.1 缺陷责任

缺陷责任自实际竣工日期起计算。在缺陷责任期内，已交付的工程由于承包人的材料、设备或工艺不符合合同要求所产生的缺陷，修补费用由承包人承担。由于承包人原因造成某项缺陷或损坏使某项工程或工程设备不能按原定目标使用而需要再次检查、检验和修复的，发包人有权要求承包人相应延长缺陷责任期，但缺陷责任期最长不超过 2 年。

12.2 保修责任

合同当事人根据有关法律规定，在专用合同条款中约定工程质量保修范围、期限和责任。保修期自实际竣工日期起计算。

13. 保险

13.1 保险范围

13.1.1 承包人按照专用合同条款的约定向双方同意的保险人投保

建筑工程一切险或安装工程一切险等保险。具体的投保险种、保险范围、保险金额、保险费率、保险期限等有关内容应当在专用合同条款中明确约定。

13.1.2 承包人应依照有关法律规定参加工伤保险和人身意外伤害险，为其履行合同所雇佣的全部人员，缴纳工伤保险费和人身意外伤害险费。

13.1.3 发包人应依照有关法律规定参加工伤保险和人身意外伤害险，为其现场机构雇佣的全部人员，缴纳工伤保险费和人身意外伤害险费，并要求其监理人也进行此类保险。

13.2 未办理保险

13.2.1 由于负有投保义务的一方当事人未按合同约定办理保险，或未能使保险持续有效的，另一方当事人可代为办理，所需费用由对方当事人承担。

13.2.2 由于负有投保义务的一方当事人未按合同约定办理某项保险，导致受益人未能得到保险人的赔偿，原应从该项保险得到的保险金应由负有投保义务的一方当事人支付。

14. 不可抗力

14.1 不可抗力的确认

14.1.1 不可抗力是指承包人和发包人在订立合同时不可预见，在履行合同过程中不可避免发生并不能克服的自然灾害和社会性突发事件，如地震、海啸、瘟疫、水灾、骚乱、暴动、战争和专用合同条款约定的其他情形。

14.1.2 不可抗力发生后，发包人和承包人应及时认真统计所造成的损失，收集不可抗力造成损失的证据。合同双方对是否属于不可抗力或其损失的意见不一致的，由监理人按第3.5款商定或确定。发生争议时，按第17条的约定执行。

14.2 不可抗力的通知

合同一方当事人遇到不可抗力事件，使其履行合同义务受到阻碍时，应立即通知合同另一方当事人和监理人，书面说明不可抗力和受阻碍的详细情况，并提供必要的证明。如不可抗力持续发生，合同一方当事人应及时向合同另一方当事人和监理人提交中间报告，说明不可抗力和履行合同受阻的情况，并于不可抗力事件结束后 14 天内提交最终报告及有关资料。

14.3 不可抗力后果及其处理

除专用合同条款另有约定外，不可抗力导致的人员伤亡、财产损失、费用增加和（或）工期延误等后果，由合同双方按以下原则承担：

（1）永久工程，包括已运至施工场地的材料和工程设备的损害，以及因工程损害造成的第三者人员伤亡和财产损失由发包人承担；

（2）承包人设备的损坏由承包人承担；

（3）发包人和承包人各自承担其人员伤亡和其他财产损失及其相关费用；

（4）承包人的停工损失由承包人承担，但停工期间应监理人要求照管工程和清理、修复工程的金额由发包人承担；

（5）不能按期竣工的，应合理延长工期，承包人不需支付逾期竣工违约金。发包人要求赶工的，承包人应采取赶工措施，赶工费用由发包人承担。

15. 违约

15.1 承包人违约

15.1.1 如果承包人拒绝或未能遵守监理人的指示，或未能按合同进度计划及时完成合同约定的工作，已造成或预期造成工期延误，或违反合同不顾书面警告，监理人可发出通知，告知承包人违约。

15.1.2 如果承包人在收到监理人通知后 21 天内，没有采取可行的措施纠正违约，发包人可向承包人发出解除合同通知。发包人因继续完成该工程的需要，有权扣留使用承包人在现场的材料、设备和临时设施。但发包人的这一行动不免除承包人应承担的违约责任，也不影响发包人根据合同约定享有的索赔权利。

15.2 发包人违约

15.2.1 如果发包人未能按合同付款，或违反合同不顾书面警告，承包人可发出通知，告知发包人违约。如果发包人在收到该通知后14天内未纠正违约，承包人可暂停工作或放慢工作进度。

15.2.2 如果发包人收到承包人通知后28内未纠正违约，承包人可向发包人发出解除合同通知。合同解除后，承包人应妥善做好已竣工工程和已购材料、设备的保护和移交工作，按发包人要求将承包人设备和人员撤出施工场地，同时发包人应为承包人的撤出提供必要条件，但承包人的这一行动不免除发包人应承担的违约责任，也不影响承包人根据合同约定享有的索赔权利。

16. 索赔

16.1 承包人索赔的提出

根据合同约定，承包人认为有权得到追加付款和（或）延长工期的，应按以下程序向发包人提出索赔：

（1）承包人应在知道或应当知道索赔事件发生后14天内，向监理人递交索赔通知书。索赔通知书应详细说明索赔理由以及要求追加的付款金额和（或）延长的工期，并附必要的记录和证明材料；

（2）索赔事件具有连续影响的，承包人应在索赔事件影响结束后的14天内，向监理人递交最终索赔通知书，说明最终要求索赔的追加付款金额和延长的工期，并附必要的记录和证明材料；

（3）承包人未在前述14天内递交索赔通知书的，丧失要求追加付款和（或）延长工期的权利。

16.2 承包人索赔处理程序

（1）监理人收到承包人提交的索赔通知书后，应按第3.5款商定或确定追加的付款和（或）延长的工期，并在收到上述索赔通知书或有关索赔的进一步证明材料后的 14 天内，将索赔处理结果答复承包人。

（2）承包人接受索赔处理结果的，发包人应在作出索赔处理结果答复后 14 天内完成赔付。承包人不接受索赔处理结果的，按第 17 条的约定执行。

16.3 承包人提出索赔的期限

承包人按第 10.5 款的约定接受了竣工付款证书后，应被认为已无权再提出在合同工程接收证书颁发前所发生的任何索赔。

16.4 发包人索赔的提出

根据合同约定，发包人认为有权得到追加付款和（或）延长工期的，应按以下程序向承包人提出索赔：

（1）监理人应在知道或应当知道索赔事件发生后 14 天内，向承包人递交索赔通知书。索赔通知书应详细说明索赔理由以及要求追加的付款金额和（或）延长的工期，并附必要的记录和证明材料；

（2）索赔事件具有连续影响的，监理人应在索赔事件影响结束后的 14 天内，向承包人递交最终索赔通知书，说明最终要求索赔的追加付款金额和延长的工期，并附必要的记录和证明材料。

16.5 发包人索赔处理程序

（1）承包人收到监理人提交的索赔通知书后，应按第 3.5 款商定或确定追加的付款和（或）延长的工期，并在收到上述索赔通知书或有关索赔的进一步证明材料后的 14 天内，将索赔处理结果答复监理人。

（2）监理人接受索赔处理结果的，承包人应在作出索赔处理结果答复后 14 天内完成赔付。监理人不接受索赔处理结果的，按第 17 条的约定执行。

17. 争议的解决

17.1 争议的解决方式

发包人和承包人在履行合同中发生争议的，可以友好协商解决或者提请争议评审组评审。合同当事人友好协商解决不成、不愿提请争议评审或者不接受争议评审组意见的，可在专用合同条款中约定下列一种方式解决：

（1）向约定的仲裁委员会申请仲裁；

（2）向有管辖权的人民法院提起诉讼。

17.2 友好解决

在提请争议评审、仲裁或者诉讼前，以及在争议评审、仲裁或诉讼过程中，发包人和承包人均可共同努力友好协商解决争议。

17.3 争议评审

17.3.1 采用争议评审的，发包人和承包人应当在专用合同条款中约定争议评审的程序和规则，并在开工日后的 28 天内或在争议发生后，协商成立争议评审组。

17.3.2 发包人和承包人接受评审意见的，由监理人根据评审意见拟定执行协议，经争议双方签字后作为合同的补充文件，并遵照执行。

17.3.3 发包人或承包人不接受评审意见，并要求提交仲裁或提起诉讼的，应在收到评审意见后的 14 天内将仲裁或起诉意向书面通知另一方，并抄送监理人，但在仲裁或诉讼结束前应暂按总监理工程师的确定执行。

第二节　专用合同条款

（空页）

第三节　合同附件格式

（空页）

附件一：合同协议书

合同协议书

_____（发包人名称，以下简称"发包人"）为实施_____（项目名称），已接受_____（承包人名称，以下简称"承包人"）对该项目的投标。发包人和承包人共同达成如下协议。

1. 本协议书与下列文件一起构成合同文件：

（1）中标通知书；

（2）投标函及投标函附录；

（3）专用合同条款；

（4）通用合同条款；

（5）技术标准和要求；

（6）图纸；

（7）已标价工程量清单；

（8）其他合同文件。

2. 上述文件互相补充和解释，如有不明确或不一致之处，以合同约定次序在先者为准。

3. 签约合同价：人民币（大写）_____（¥_____）。

4. 合同形式：_____。

5. 计划开工日期：_____年_____月_____日；

计划竣工日期：_____年_____月_____日；工期：_____日历天。

6. 承包人项目经理：_____。

7. 工程质量符合_____标准。

8. 承包人承诺按合同约定承担工程的施工、竣工交付及缺陷修复。

9. 发包人承诺按合同约定的条件、时间和方式向承包人支付合同价款。

　　10. 本协议书一式_____份，合同双方各执_____份。

　　11. 合同未尽事宜，双方另行签订补充协议。补充协议是合同的组成部分。

发包人：_____（盖单位章）

法定代表人或其委托代理人：____（签字）

　　　___年___月___日

承包人：_____（盖单位章）

法定代表人或其委托代理人：____（签字）

　　　___年___月___日

附件二：履约担保格式

履约担保

_____（发包人名称）：

鉴于_____（发包人名称，以下简称"发包人"）接受_____（承包人名称，以下称"承包人"）于_____年_____月_____日参加_____（项目名称）的投标。我方愿意就承包人履行与你方订立的合同，向你方提供担保。

1. 担保金额人民币（大写）_____（¥_____）。

2. 担保有效期自发包人与承包人签订的合同生效之日起至发包人签发工程接收证书之日止。

3. 在本担保有效期内，因承包人违反合同约定的义务给你方造成经济损失时，我方在收到你方以书面形式提出的在担保金额内的赔偿要求后，在7天内支付。

4. 发包人和承包人按《通用合同条款》第9条变更合同时，我方承担本担保规定的义务不变。

担　保　人：_____（盖单位章）

法定代表人或其委托代理人：_____（签字）

地　　　址：_____

邮政编码：_____

电　　　话：_____

传　　　真：_____

_____年_____月_____日

第五章　工程量清单

1. 工程量清单说明

1.1 本工程量清单是根据招标文件中包括的、有合同约束力的图纸以及有关工程量清单的国家标准、行业标准、合同条款中约定的工程量计算规则编制。约定计量规则中没有的子目，其工程量按照有合同约束力的图纸所标示尺寸的理论净量计算。计量采用中华人民共和国法定计量单位。

1.2 本工程量清单应与招标文件中的投标人须知、通用合同条款、专用合同条款、技术标准和要求及图纸等一起阅读和理解。

1.3 本工程量清单仅是投标报价的共同基础，实际工程计量和工程价款的支付应遵循合同条款的约定和第七章"技术标准和要求"的有关规定。

1.4 补充子目工程量计算规则及子目工作内容说明：_____。

2. 投标报价说明

2.1 工程量清单中的每一子目须填入单价或价格，且只允许有一个报价。

2.2 工程量清单中标价的单价或金额，应包括所需的人工费、材料和施工机具使用费和企业管理费、利润以及一定范围内的风险费用等。

2.3 工程量清单中投标人没有填入单价或价格的子目，其费用视为已分摊在工程量清单中其他相关子目的单价或价格之中。

2.4 暂列金额的数量及拟用子目的说明：

3. 其他说明

4. 工程量清单

4.1 工程量清单表

_____ (项目名称)

序号	编码	子目名称	内容描述	单位	数量	单价	合价
本页报价合计：_____							

4.2 计日工表

4.2.1 劳务

编号	子目名称	单位	暂定数量	单价	合价
劳务小计金额：_____ （计入"计日工汇总表"）					

4.2.2 材料

编号	子目名称	单位	暂定数量	单价	合价
材料小计金额：_____ （计入"计日工汇总表"）					

4.2.3 施工机械

编号	子目名称	单位	暂定数量	单价	合价
施工机械小计金额：_____ （计入"计日工汇总表"）					

4.2.4 计日工汇总表

名称	金额	备注
劳务		
材料		
施工机械		
计日工总计：_____ （计入"投标报价汇总表"）		

4.3 投标报价汇总表

_____ （项目名称）

汇总内容	金额	备注
…… …… …… …… …… 清单小计　A		
暂列金额　E 包含在暂列金额中的计日工　D 规费　G 税金　H 投标报价　P＝A＋E＋G＋H		

4.4 工程量清单单价分析表

序号	编码	子目名称	人工费			材料费						机械使用费	其他	管理费	利润	单价
						主材										
			工日	单价	金额	主材耗量	单位	单价	主材费	辅材费	金额					

第六章　图　　纸

1. 图纸目录

序号	图名	图号	版本	出图日期	备注

2. 图纸

第七章　技术标准和要求

（空页）

第八章　投标文件格式

（空页）

_____（项目名称）

投　标　文　件

投标人：_____（盖单位章）

法定代表人或其委托代理人：_____（签字）

_____年_____月_____日

目　　录

一、投标函及投标函附录

（一）投标函

_____（招标人名称）：

1. 我方已仔细研究了_____（项目名称）招标文件的全部内容，愿意以人民币（大写）_____（￥____）的投标总报价，工期____日历天，按合同约定实施和完成承包工程，修补工程中的任何缺陷，工程质量达到_____。

2. 我方承诺在招标文件规定的投标有效期内不修改、撤销投标文件。

3. 随同本投标函提交投标保证金一份，金额为人民币（大写）_____（￥____）。

4. 如我方中标：

（1）我方承诺在收到中标通知书后，在中标通知书规定的期限内与你方签订合同。

（2）随同本投标函递交的投标函附录属于合同文件的组成部分。

（3）我方承诺按照招标文件规定向你方递交履约担保。

（4）我方承诺在合同约定的期限内完成并移交全部合同工程。

5. 我方在此声明，所递交的投标文件及有关资料内容完整、真实和准确，且不存在第二章"投标人须知"第 1.4.2 项和第 1.4.3 项规定的任何一种情形。

6. ＿＿＿＿＿＿（其他补充说明）。

投 标 人：＿＿＿＿＿＿（盖单位章）

法定代表人或其委托代理人：＿＿＿＿（签字）

地址：＿＿＿＿＿＿

网址：＿＿＿＿＿＿

电话：＿＿＿＿＿＿

传真：＿＿＿＿＿＿

邮政编码：＿＿＿＿＿＿

＿＿＿年＿＿＿月＿＿＿日

（二）投标函附录

序号	条款名称	合同条款号	约定内容	备注
1	项目经理	1.1.2.4	姓名：＿＿＿＿	
2	工期	1.1.4.3	天数：＿＿＿＿日历天	
3	缺陷责任期	1.1.4.5		
……	……	……	……	
……	……	……	……	
……	……	……	……	

二、法定代表人身份证明

投标人名称：＿＿＿＿＿＿＿＿＿＿＿

单位性质：＿＿＿＿＿＿＿＿＿＿＿

地址：＿＿＿＿＿＿＿＿＿＿＿

成立时间：＿＿＿＿年＿＿＿月＿＿＿日

经营期限：＿＿＿＿＿＿＿＿

姓名：＿＿＿＿ 性别：＿＿＿＿ 年龄：＿＿＿＿ 职务：＿＿＿＿ 系

＿＿＿＿＿＿（投标人名称）的法定代表人。

特此证明。

投标人：＿＿＿＿＿（盖单位章）

＿＿＿＿年＿＿＿＿月＿＿＿＿日

三、授权委托书

本人＿＿＿＿＿（姓名）系＿＿＿＿＿（投标人名称）的法定代表人，现委托＿＿＿＿＿（姓名）为我方代理人。代理人根据授权，以我方名义签署、澄清、说明、补正、递交、撤回、修改＿＿＿＿＿＿（项目名称）投标文件、签订合同和处理有关事宜，其法律后果由我方承担。

委托期限：＿＿＿＿＿＿。

代理人无转委托权。

附：法定代表人身份证明

投标人：＿＿＿＿＿＿＿＿＿＿＿（盖单位章）

法定代表人：＿＿＿＿＿＿＿＿＿＿＿（签字）

身份证号码：＿＿＿＿＿＿＿＿＿＿＿

委托代理人：＿＿＿＿＿＿＿＿＿＿＿（签字）

身份证号码：＿＿＿＿＿＿＿＿＿＿＿

＿＿＿＿年＿＿＿＿月＿＿＿＿日

四、投标保证金

＿＿＿＿＿＿＿（招标人名称）：

鉴于＿＿＿＿＿（投标人名称）（以下称"投标人"）于＿＿＿＿＿年＿＿＿＿月＿＿＿＿日参加＿＿＿＿＿（项目名称）的投标，＿＿＿＿＿（担保人名称，以下简称"我方"）保证：投标人在规定的投标文件有效期内撤销或修改其投标文件的，或者投标人在收到中标通知书后无正当理由拒签合同或拒交规定履约担保的，我方承担保证责任。收到你方书面通知后，在7日内向你方支付人民币（大写）＿＿＿＿＿。

本保函在投标有效期内保持有效。要求我方承担保证责任的通知应在投标有效期内送达我方。

担保人名称：_____（盖单位章）

法定代表人或其委托代理人：_____（签字）

地　　址：_____

邮政编码：_____

电　　话：_____

传　　真：_____

_____年_____月_____日

五、已标价工程量清单

（空页）

六、施工组织设计

1. 投标人编制施工组织设计的要求：编制时应简明扼要地说明施工方法，工程质量、安全生产、文明施工、环境保护、冬雨季施工、工程进度、技术组织等主要措施。用图表形式阐明本项目的施工总平面、进度计划以及拟投入主要施工设备、劳动力、项目管理机构等。

2. 图表及格式要求：

附表一　拟投入的主要施工设备表

附表二　劳动力计划表

附表三　进度计划

附表四　施工总平面图

附表一：拟投入本项目的主要施工设备表

序号	设备名称	型号规格	数量	国别产地	制造年份	额定功率（kW）	生产能力	用于施工部位	备注

附表二：劳动力计划表

单位：人

工种	按工程施工阶段投入劳动力情况				

附表三：进度计划

1. 投标人应递交施工进度网络图或施工进度表，说明按招标文件要求的计划工期进行施工的各个关键日期。
2. 施工进度表可采用网络图或横道图表示。

附表四：施工总平面图

投标人应递交一份施工总平面图，绘出现场临时设施布置图表，并注明临时设施、加工车间、现场办公、设备及仓储、供电、供水、卫生、生活、道路、消防等设施的情况和布置。

七、项目管理机构

（一）项目管理机构组成表

职务	姓名	职称	执业或职业资格证明				备注
			证书名称	级别	证号	专业	养老保险

（二）项目经理简历表

应附注册建造师执业资格证书、身份证、职称证、学历证、养老保险复印件，管理过的项目业绩须附合同协议书复印件。

姓　名		年　龄		学　历	
职　称		职　务		拟在本合同任职	
毕业学校		年毕业于＿＿＿＿＿＿学校＿＿＿专业			
主要工作经历					
时　间	参加过的类似项目		担任职务	发包人及联系电话	

八、资格审查资料

（一）投标人基本情况表

投标人名称						
注册地址				邮政编码		
联系方式	联系人			电 话		
	传 真			网 址		
组织结构						
法定代表人	姓名		技术职称		电话	
技术负责人	姓名		技术职称		电话	
成立时间		员工总人数：				
企业资质等级		其中	项目经理			
营业执照号			高级职称人员			
注册资金			中级职称人员			
开户银行			初级职称人员			
账号			技 工			
经营范围						
备注						

（二）近年财务状况表

（空页）

（三）近年完成的类似项目情况表

项目名称	
项目所在地	
发包人名称	
发包人地址	
发包人电话	
合同价格	
开工日期	
竣工日期	
承担的工作	
工程质量	
项目经理	
技术负责人	
项目描述	
备注	

（四） 正在实施的和新承接的项目情况表

项目名称	
项目所在地	
发包人名称	
发包人地址	
发包人电话	
签约合同价	
开工日期	
计划竣工日期	
承担的工作	
工程质量	
项目经理	
技术负责人	
项目描述	
备注	

（五） 其他资格审查资料

（空页）

重点法律术语速查表

法律术语	页码
不得参加投标的投标人	第 49 页
诚实信用原则	第 17 页
串通招标投标	第 61 页
定标	第 86 页
定标前禁止实质性谈判	第 84 页
对招标投标活动的行政监督	第 18 页
发售招标文件	第 37 页
分包	第 57 页
否决所有投标	第 82 页
工程建设项目施工经过批准后可以进行邀请招标的情形	第 27 页
公开原则	第 14 页
公平原则	第 15 页
公正原则	第 16 页
国有资金占控股或者主导地位的依法必须进行招标的项目	第 9 页
化整为零	第 13 页
货物采购在经过批准后可以进行邀请招标的情形	第 27 页
建设工程强制招标的范围	第 8 页
经评审的最低投标价法	第 80 页
开标	第 68 页
开标程序	第 70 页
开标地点	第 68 页
联合体成员之间的法律关系	第 60 页

图书在版编目（CIP）数据

招标投标法解读与应用／成知博编著．—北京：
中国法制出版社，2023.11
（法律法规新解读丛书）
ISBN 978-7-5216-3461-7

Ⅰ．①招… Ⅱ．①成… Ⅲ．①招标投标法–法律解释
–中国 Ⅳ．①D922.297.5

中国国家版本馆 CIP 数据核字（2023）第 068842 号

责任编辑：潘环环　　　　　　　　　　　　　　封面设计：李　宁

招标投标法解读与应用
ZHAOBIAO TOUBIAOFA JIEDU YU YINGYONG

编著/成知博
经销/新华书店
印刷/三河市国英印务有限公司
开本/880 毫米×1230 毫米　32 开　　　　　印张/ 8.25　字数/ 171 千
版次/2023 年 11 月第 1 版　　　　　　　　　2023 年 11 月第 1 次印刷

中国法制出版社出版
书号 ISBN 978-7-5216-3461-7　　　　　　　　　　定价：28.00 元

北京市西城区西便门西里甲 16 号西便门办公区
邮政编码：100053　　　　　　　　　　　　传真：010-63141600
网址：http：//www.zgfzs.com　　　　　　　编辑部电话：010-63141813
市场营销部电话：010-63141612　　　　　　印务部电话：010-63141606

（如有印装质量问题，请与本社印务部联系。）

【法融】数据库免费增值服务有效期截至本书出版之日起 2 年。